名画とあらすじでわかる!

英雄とワルの世界史

祝田秀全[監修]

青春新書
INTELLIGENCE

はじめに——英雄とは…鏡の中のワルである

英雄《えいゆう》は、脳髄《のうずい》までドスンと来るほどに強烈なインパクトを浴びせてきます。魔性の持ち主か、普通ではない、まさしく、歴史がこの世に遣《つか》わした超人的なカリスマです。その政治手腕や行状《ぎょうじょう》は、語り草となってファンタジーさえ生み出します。

（『ルビコン川を渡るカエサルの前に現われたローマの女神』リチャード・ウェストール／個人蔵／1793年／油彩）

「語り草」の確かな方法。それこそが名画の創作でした。そうすることで、英雄は「記憶の再生産」という重要な役割を自らこなすことになります。

肉体は滅んでも、その魂を名画のなかで息吹《いぶ》かせるのです。自らがカリスマであることを訴えるのです。

たとえば題材として「ルビコン川を渡るカエサル」があります。名画です。古代ローマの英雄ユリウス・カエサル（ジュリアス・シーザー）の名を高めたのは、ガリア遠征（紀元前五八～紀元前五一年）でした。この絵はその帰還途上を描いたもの。

と同時に、カエサルの決意表明の瞬間でもあったのです――〈ローマの全権力をこの手中に収めてみせよう!〉と。

ローマ本土(イタリア)と属州《ぞくしゅう》を分けるルビコン川。北イタリアのラヴェンナを流れます。この川を渡るというのは、その目的に向かってまっしぐら。人生最大の判断のとき。もう後戻りはできない。そういう意味です。カエサルはその決意を「賽《さい》は投げられた」と喩《たと》えています。カエサルが征服したガリアとは、アルプス山脈以北の世界。今のフランスに相当します。カエサルは、没落する民衆をなんとかしなければ……。そういった想いをガリア遠征の大義にしました。

「ガリアが獲得できたら、俺たちは幸せになれる!」「カエサルさまは、生きる場所を俺たちに与えてくれるのだ!」。この絵画からは、カエサルに傾いていく没落市民の息遣いさえ感じ取れます。

しかしガリアは、ヨーロッパ先住のケルト人の伝統文化の地。それだけにケルト人にしてみれば、カエサルは侵略者となります。

では、『カエサルの足下に武器を投げるウェルキンゲトリクス』(本書一五四ページ)を開いてみてください。いかがですか。紀元前五二年、ケルト人をまとめ上げ、カエサルに立ち向かった男、ウェルキンゲトリクスを讃《たた》えた名画です。

彼の身柄はローマ軍に拘束され、挙句《あげく》の果ては処刑。たとえガリアが消滅しても、ウェルキンゲトリクスは「フランス最初の英雄」となって、歴史のなかで永遠に脈打つのです。このときカエサルはケルト民族の敵――「ワル」となります。

これこそ「英雄」を讃える名画の落とし穴です。面白さです。

英雄はしばしば民族の喩えとして語られます。その言葉を鏡に映してみたらどうでしょう。民族や国家の立場を違えると、まったく違った評価が飛び出ることがあります。

カエサルも、ウェルキンゲトリクスも英雄です。英雄を描いた名画を芸術面だけではなく、世界史のなかから、それもいろいろな角度から接近してみると、新しい楽しみ方ができます。

「この名画は英雄か、ワルか」。それを決めるのは、あなたなのです。

祝田秀全

名画とあらすじでわかる！ 英雄とワルの世界史●目 次

はじめに 3

第一章 時代を作った英雄の世界史 12

カエサル 卓越した演説と軍事戦略で元首政への道を切り開く 14
オクタウィアヌス アントニウスを討ち、ローマの初代皇帝に 18
ユスティニアヌス ローマの栄光を取り戻した「不眠不休の皇帝」 22
カール大帝 異民族との戦いに生涯を費やしたヨーロッパの父 26
ロバート・ブルース イングランドに抗い続け独立を果たしたスコットランド王 30

ピョートル一世　海軍の強化で近代化の道を拓いたロシア史上最高の名君　34
フリードリヒ二世　プロイセンを強国に押し上げた啓蒙専制君主　38
ラメス二世　戦争と建築でエジプトに栄光の時代をもたらしたファラオ　42
メフメト二世　コンスタンティノープルを陥落させたオスマン帝国の王　46
ベンジャミン・フランクリン　アメリカの独立運動に奔走した建国の父　50
column　伝説の英雄①　ヘラクレス　54

第二章　常勝を誇る名将の世界史　56

アレクサンドロス大王　インダス川域まで征服したマケドニアの王　58

ウィリアム一世 イギリス王室の基礎を固めたノルマン朝の王 62
デュ・ゲクラン 百年戦争下、フランスの劣勢を挽回した機略の天才 66
フランシス・ドレーク スペイン無敵艦隊を破った「女王の海賊」 70
テュレンヌ 「砂丘の戦い」で名声を高めたフランスの尚武の象徴 74
グスタフ・アドルフ 三十年戦争に介入し流れ弾に散ったスウェーデンの国王 78
ジョージ・ワシントン 初代アメリカ大統領となった独立戦争の総司令官 82
ナポレオン・ボナパルト フランス革命の精神を浸透させたコルシカ島の英雄 86
ホレーショ・ネルソン トラファルガーの海戦に散った名提督 90
column 伝説の英雄② アーサー王 94

第三章 歴史をかき乱したワルの世界史 96

ネロ 芸術のためにローマを焼き、母を殺した史上最悪の暴君 98
アッティラ ヨーロッパ全土を恐怖に陥れたフン族の大王 102
フィリップ二世 策を駆使してイングランドから領土を取り戻した尊厳王 106
リチャード三世 「残忍かつ冷酷、稀代の悪王」の本当の姿とは 110
イヴァン四世 妻アナスタシアの死をきっかけに暴君と化す 114
ヴラド三世 串刺し公として恐れられ「ドラキュラ」のモデルにもなった英雄 118
オリヴァー・クロムウェル 国王を処刑し恐怖政治をしいた革命指導者 122
ルイ十四世 戦いに明け暮れた豪奢な生活のなかで財政を悪化させた太陽王 126
ヘンリー・モーガン イギリス国王から「騎士」に叙せられたカリブの海賊 130

ロベスピエール　血の粛清を引き起こすに至った「腐敗し得ない男」　134

column　伝説の英雄③　ギルガメシュ　138

第四章　運命に翻弄された悲劇の世界史　140

レオニダス　二〇万のペルシア軍を相手に三〇〇の精鋭で戦ったスパルタの王　142

ハンニバル　「そろそろローマ人たちを恐怖と心配から解放してやろう」　146

スパルタクス　脱走奴隷を率いてローマに反乱を起こした剣闘士　150

ウェルキンゲトリクス　カエサルとの戦いに敗れたガリア独立の英雄　154

イエス 愛の教えを説き人類の罪を背負って十字架にかけられた救世主 158
リチャード一世 フランスの策謀に散ったイングランドの獅子心王 162
クリストファー・コロンブス 北米大陸を発見するも、女王の勘気にふれ失墜 166
ガリレオ・ガリレイ 教会の権威に立ち向かった地動説の提唱者 170
掲載絵画一覧 173

カバー&本文写真 アフロ
図版・DTP ハッシィ

第一章

時代を作った英雄の世界史

スコットランド独立の英雄
ロバート・ブルース
→30ページ
戦略の天才
フリードリヒ二世
→38ページ
ロマノフ朝の大帝
ピョートル一世
→34ページ
ヨーロッパの父
カール大帝
→26ページ
ビザンツの名君
ユスティニアヌス
→22ページ
オスマンの征服王
メフメト二世
→46ページ
共和制ローマの英雄
カエサル
→14ページ
偉大なるファラオ
ラメス二世
→42ページ
初代ローマ皇帝
オクタウィアヌス
→18ページ

カエサル

卓越した演説と軍事戦略で元首政への道を切り開く

名画DATA

作者名	ピエトロ・ダ・コルトーナ
作品名	『クレオパトラを玉座につけるカエサル』
所蔵先	リヨン美術館
制作年	一六三七年
画法	油彩

紀元前一世紀の共和政《きょうわせい》ローマに登場した政治家カエサルは、卓越《たくえつ》した演説の力と軍事的成功をもって圧倒的な人気を集め、帝政《ていせい》への道を切り拓《ひら》いた人物として知られている。当時のローマは、民会《みんかい》、元老院《げんろういん》、執政官《しっせいかん》（コンスル）の三つの権力により政治が運営されていたが、名門出身のカエサルは、早くから執政官になり、ローマを支配するという野望を抱いていた。

名画の見方　カエサルは中央にあってクレオパトラの手を取り、玉座へと促している。右に描かれているのはクレオパトラの妹アルシノエで、クレオパトラ同様、王位を狙っていたとされる。また、画面左で明るい表情を浮かべるふたりの女性はイラスとカルミオンという侍女。クレオパトラの最期まで立会い、運命を共にしたといわれる。

紀元前六〇年、カエサルは、ポンペイウスとクラッススというローマ政界の実力者ふたりと手を組み、事実上ローマの最高権力機関となっていた元老院に対抗して第一次三頭政治《さんとうせいじ》を確立し、権力掌握の糸口をつかむ。だが二年後、カエサルがガリア遠征を行なったとき、クラッススが西アジアのパルティア遠征で戦死したため、三頭政治は崩壊した。

カエサルの台頭に脅威を感じたポンペイウスは、元老院と手を組んでカエサルを抹殺《まっさつ》しようとした。そのため元老院はカエサルに再三帰国命令を出したが、カエサルはこれを無視した。

紀元前四九年、属州総督解任の勧告を受けるに当たって決起し、軍団を率いてルビコン川を渡った。

ローマの法では、ルビコン川を渡る際には武装解除が義務付けられていたが、カエサルはこれを行なわず「賽《さい》は投げられた」と演説し、渡河を敢行したという。虚《きょ》をつかれたポンペイウスは、懇意《こんい》にしていたプトレマイオス朝のエジプトへ逃げ込んだが、同地で殺された。

◈独裁政権の確立が招いた悲劇

エジプトに入ったカエサルは、そこで権力争いに敗れた王女クレオパトラと出会う。映画などではカエサルが彼女の美貌《びぼう》にひと目惚れして肩入れしたとされているが、実際は才媛《さいえん》の彼女と

カエサルは紀元前44年3月15日に暗殺される。彼が倒れた場所は、かつてのライバル、ポンペイウス像の足元だったといわれる。(『カエサル暗殺』ジャン=レオン・ジェローム/ウォルターズ美術館/1867年/油彩)

組んだほうが有利と判断したものと思われる。カエサルは、軍事力を背景にクレオパトラを女王に据えると、エジプトを属州にせず、支配を任せた。

帰国したカエサルは、肥大化したローマを牽引《けんいん》するため、自ら終身独裁官《ディクタトール》兼最高軍司令官《インペラトール》となって、権力を一手に握った。しかし、共和政の維持を望む元老院議員が強く反発。紀元前四四年、ついにカエサル暗殺が実行される。

その日、元老院会議に出席するべく議場に入ったカエサルは一〇人の男たちに取り囲まれ、一斉に短剣で突き刺された。カエサルはそのなかに腹心のブルートゥスを認め、「おお、わが息子よ」と絶句して崩れ落ちたという。「ブルートゥス、お前もか」という叫びは、シェイクスピアの戯曲《ぎきょく》『ジュリアス・シーザー』のなかの名台詞である。

オクタウィアヌス

アントニウスを討ち、ローマの初代皇帝に

名画DATA

作者名	セバスティアン・ブルドン
作品名	『アレクサンドロス三世の墓を詣でるアウグストゥス』
所蔵先	ルーヴル美術館
制作年	十七世紀
画法	油彩

ローマにおいて元首政の道を拓くも凶刃《きょうじん》に倒れたカエサルの後継者が、甥《おい》のオクタウィアヌスであった。彼は独裁権力の確立を急ぐ余り、強い反発を買って暗殺されたカエサルの失敗を教訓に、ローマの初代皇帝へと昇り詰めていく。

カエサルの遺言状によって後継者に指名されたとき、オクタウィアヌスはまだ十九歳だった。しかし彼は後継者として早急に事を進めることはせず、当初、周囲との協力を選択した。

まずはカエサルの部下アントニウスとレピドゥスと手を結び、第二次三頭政治を開始した。

民衆の支持のもと、カエサ

名画の見方　アントニウスを追ってアレクサンドリアへ至ったときであろう。オクタウィアヌスがマケドニアのアレクサンドロス大王の墓を詣でる場面が描かれている。アレクサンドロス大王の遺骸は、大王の部将で、プトレマイオス朝の始祖となったプトレマイオスによってアレクサンドリアに運ばれたという。

ルの暗殺計画に加担した人々を処罰し、ブルートゥスらを討って復讐《ふくしゅう》を果たした三人は、ローマの属州を分担して統治することを決める。

アントニウスは小アジア、エジプトとその周辺、レピドゥスはアフリカ、オクタウィアヌスはヨーロッパをそれぞれ担当することとなった。

しかしこの分割が三頭政治崩壊のきっかけとなる。

やがてアントニウスはエジプト女王クレオパトラに籠絡《ろうらく》されてその虜《とりこ》となり、ローマ市民の反感を買うようになった。

オクタウィアヌスはこの機を逃さず、元老院の許可を得て紀元前三一年、アントニウスに戦いを挑んだ。これがアクティウムの海戦である。この戦いに勝利したオクタウィアヌスは、エジプトまで攻め込み、アレクサンドリアを包囲し、クレオパトラとアントニウスを自殺に追い込んだ。さらにレピドゥスも引退させると、オクタウィアヌスは名実ともにローマ随一の実力者となった。

◈老獪なる〝ローマ市民の第一人者〟

だが、ここへきても彼はあくまで慎重だった。共和政を継承して元老院を中心とする共和派との協調路線を打ち出したのだ。

「権威においては万人《ばんにん》に勝るが、公職においては同輩《どうはい》を凌《しの》ぐ権力を持たない」と宣言し、すべての官職と権限を一身に集めて中央集権制を築いたが、自分の権力は元老院を代表するものと説明。そのため彼はしばしば自分を「ローマ市民の第一人者（元老院の第一人者の意）」を意味する「プリンケプス」と称した。

そうしたオクタウィアヌスの老獪《ろうかい》さの真骨頂といえるのが、ローマ全体の権力掌握術である。オクタウィアヌスは以降、何度も共和政を再建するためとの口実で、自ら引退または役職を退くと宣言した。

しかし、ローマの政治は彼なしでは立ち行かなくなっていた。そのため元老院がオクタウィアヌスを説得し、ローマ軍の最高司令官、終身執政官《コンスル》、大神官《だいしんかん》の座を次々と与えていくのである。こうしてオクタウィアヌスはいつのまにか政治、軍事、宗教という三つの分野の頂点に立っていた。紀元前二七年、元老院は「尊厳者」を意味する「アウグストゥス」という尊称を与えた。

以来、アウグストゥスが実質的な「皇帝」となって元首政《げんしゅせい》が始まると、ローマは繁栄期に向かうことになる。アウグストゥスは少子化対策や政治改革などの目覚ましい政策を打ち出している。聖域といわれた元老院の定数問題にも手をつけ、定員を九〇〇名から六〇〇名まで削減した。

ローマの町には大理石の建物が次々と建設され、世界最大の都市の名にふさわしい様相を呈した。こうしてアウグストゥスはローマ繁栄の礎《いしずえ》を築いたのである。

ユスティニアヌス

ローマの栄光を取り戻した「不眠不休の皇帝」

名画DATA

作者名	不明
作品名	『ユスティニアヌスと護衛、宰相、大司教』
所蔵先	サン・ヴィターレ聖堂
制作年	五四七年頃
画法	モザイク画

オクタウィアヌスが礎を築き、空前の繁栄を誇ったローマ帝国も四世紀に入ると、東西に分割され、四七六年には西ローマ帝国が滅びてしまう。

しかしここでローマ帝国の再統一を掲げ、立ち上がった皇帝がいた。それが東ローマ（ビザンツ）帝国の皇帝ユスティニアヌス一世である。

彼は三八年の在位期間中、「不眠不休の皇帝」と呼ばれるほど多方面で精力的に活動し、比類なき偉業を数多く成し遂げた。その目的はただひ

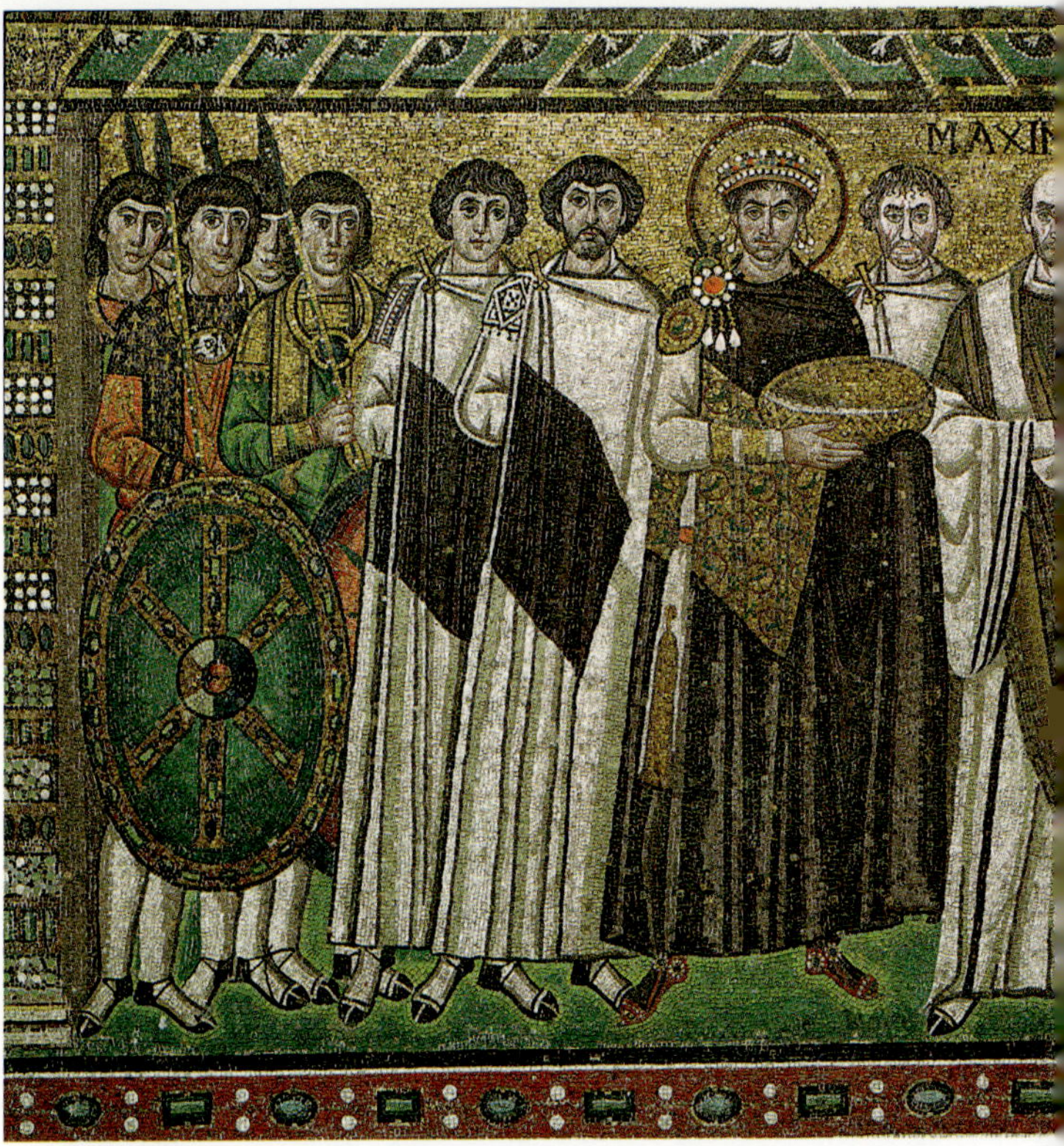

名画の見方 ユスティニアヌス帝が制圧したラヴェンナのサン・ヴィターレ聖堂に描かれた群像である。大司教マクシミリアヌスの発注で制作されたモザイク画の一部で、皇帝を中心とした人物は13人。左の従者が持つ楯の紋章がキリストの象徴で、皇帝を十二使徒を従えたキリストになぞらえている。

とつ、西ローマの領土を取り戻し、ローマ帝国を再統一するという大きな野望のためであった。

とはいえ彼は、即位当初この大事業を成し遂げる皇帝とは思われなかった。

というのも、じつは一度、帝位自体を投げ出そうとしたことがあったからである。

五三二年、ササン

朝ペルシアをはじめ、イタリアの東ゴート王国、アフリカのヴァンダル王国などとの長期にわたる抗争に加え、生活を圧迫する重税に対して市民が不満を爆発させ、「ニカの暴動」が起こった。騒擾《そうじょう》のなか、暴徒と化した市民によって、首都コンスタンティノープルは焦土と化してしまう。

皇帝のユスティニアヌスは反乱勃発時に有効な対策を打てなかったばかりか、裕福な市民と同じようにボスポラス海峡を渡って、自らもアシア（現・トルコ）へ逃げ出そうとしたのである。

しかし皇后のテオドラがこれを引き留めた。

「一度皇帝になった者が逃げれば死んだも同然。あなたを待っているのはみじめな放浪者として野垂《のた》れ死《じ》にする運命です」

この言葉を聞いて我に返ったユスティニアヌスは、東方に遠征していた将軍ベリサリウスを呼び戻してこの乱を鎮圧させた。

◈ついにローマ帝国を再統一した皇帝

皇后の支えによって危機を脱したユスティニアヌスは、政権を安定させると、その翌年から積極的な征服活動に邁進《まいしん》する。北アフリカ、コルシカ、サルデーニャなどを征服し、五三三年には、ついにローマ帝国発祥の地を東ゴート王国から取り戻すべく、イタリア半島に迫った。

しかし東ゴート軍の抵抗も激しく、一〇年以上にわたって一進一退の激しい攻防が続いた。

それでも粘り強く戦いに臨んだユスティニアヌスは、五四五年、ついにイタリア半島を制圧し、ローマ帝国の再統一を成し遂げたのである。

ただし、彼は遠征にばかり目を向けていたわけではない。拡大していく帝国を維持するため『ローマ法大全』を編纂《へんさん》して、法を整え、秩序の安定を図った。

また、街や道路の整備に加え、ハギア・ソフィア聖堂の復興など次々と文化事業にも取り組んでいる。

こうして領内に皇帝の威厳を誇示して地位を保ったのである。

しかしユスティニアヌス帝の偉大な業績も一世紀ともたなかった。彼の死から五十年後、東ローマ帝国はイタリア、スペイン、エジプトなどユスティニアヌスによる征服地をことごとく失ってしまう。

それでも東ローマ帝国は、一四五三年にコンスタンティノープルが陥落するまで、徐々に縮小しながら一〇〇〇年も続いていくことになる。

カール大帝

異民族との戦いに生涯を費やしたヨーロッパの父

名画DATA

作者名	アルブレヒト・デューラー
作品名	『カール大帝』
所蔵先	ドイツ民俗博物館
制作年	十六世紀
画法	油彩

カール大帝（シャルルマーニュ）は、西ローマ帝国の崩壊以降、ゲルマン人による小国家が乱立していた西ヨーロッパ地域を統一し、「ヨーロッパの父」と讃えられたカロリング朝フランク王国の国王である。その生涯は遠征に費やした一生といっても過言ではない。

メロヴィング家が王位を世襲してきたフランク王国で宮宰《きゅうさい》を務めた祖父カール・マルテル、主家より王位を奪った父ピピンの跡を継いだカールは、七七四年にランゴバルド王国を滅ぼし、八〇四年にはザクセン族を討ってドイツ東部を征服。そして、イベリア半島に遠征してイスラーム勢力と戦うなど、目覚しい戦果を挙げた。こうして一代にして、西はスペインのエブロ川から東はドイツのエルベ川、北は北海から南はイタリア中部にいたる勢力圏を築き上げた。現在のフランス、イタリア、ドイツなどに及ぶ、かつての西ローマ帝国領を再統一した。

カールの偉大な功績のひとつは、ヨーロッパ社会とキリスト教を結びつけたことである。

名画の見方 デューラーの描いたカール大帝の肖像。右上に描かれる紋章がフランス王室の象徴である「フルール・ド・リス」。カール大帝が持つ剣は王権を表わし、左手の十字架はキリスト教を示す。

カールの父ピピンは、ローマ教会の権威を後ろ盾《だて》としてフランク王位を承認してもらう代わりに、ラヴェンナを征服した際にこの領土を教皇に寄進《きしん》して教皇領の基礎を築くなど、ローマ教会の庇護者《ひごしゃ》として振舞っていた。カールもそれを受け継いでキリスト教（ローマ・カトリック）の浸透に協力し、北東ドイツやスペインのナルボンヌ地方など各地を征服するたびにフランク王国の人々を入植《にゅうしょく》させ、土地の人々をキリスト教に改宗させていったのである。

◇中世ヨーロッパを誕生させた大帝

当時、教皇を頂点に戴《いただ》くローマ教会は東ローマ帝国が保護する東方正教会《とうほうせいきょうかい》と対立関係にあり、東ローマ皇帝に代わる強力な庇護者を必要としていた。ここに両者の思惑が一致する。

八〇〇年のクリスマスの日、カールはローマのサン・ピエトロ大聖堂において、ローマ教皇レオ三世により西ローマ帝国の皇帝に加冠《かかん》される。教皇が皇帝に冠を授けるというスタイルは、かつてローマ司教《しきょう》がローマ皇帝コンスタンティヌス一世から、西方の聖職権と王権を譲渡されたという伝説を根拠とした、教皇優位の考えから生まれたものである。

この戴冠はヨーロッパ史の大きな転換点となった。ゲルマン民族の大移動以降続いてきた混乱が収束し、キリスト教を介して結ばれる共同体たる中世ヨーロッパ世界が誕生したのである。

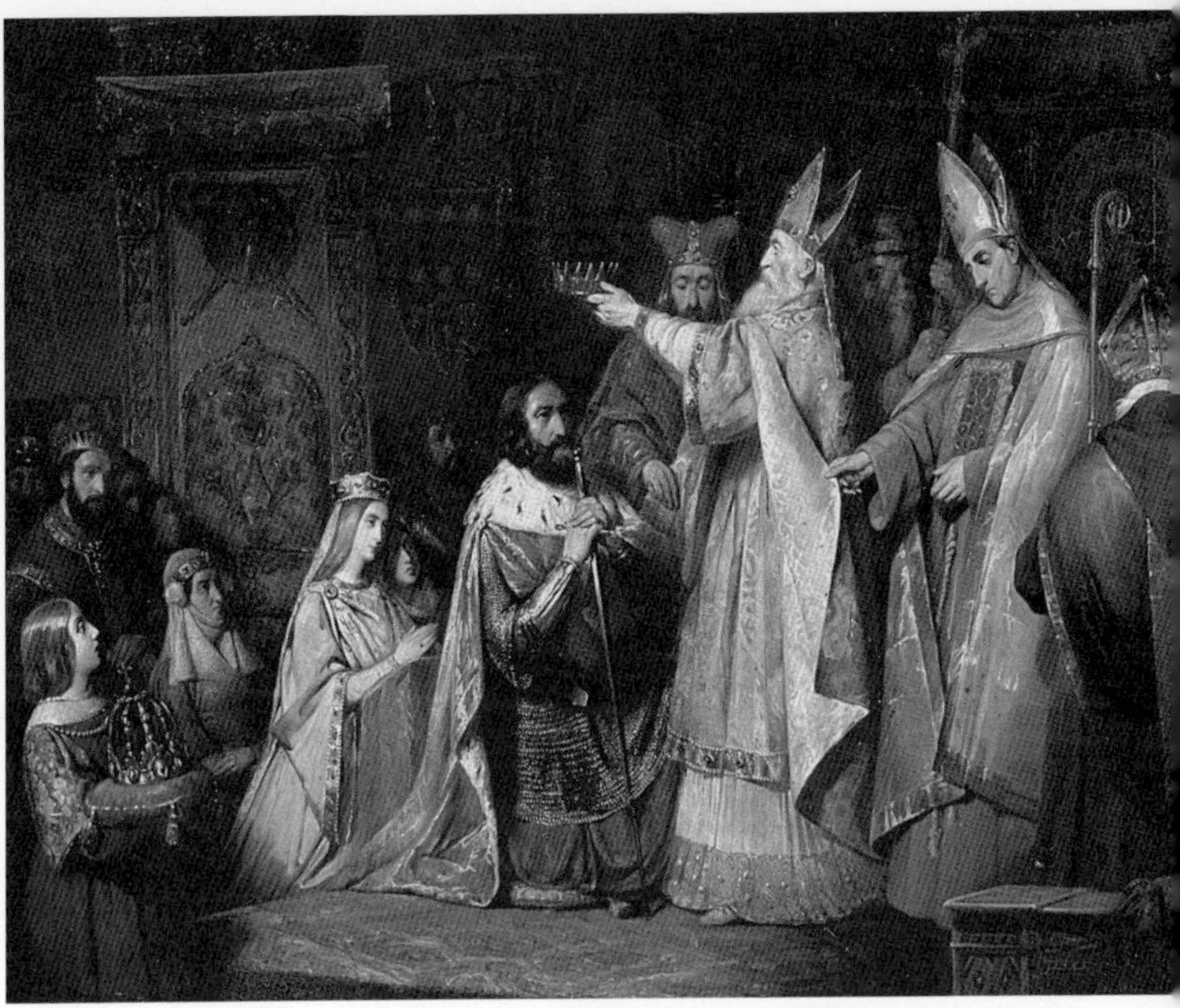

800年のクリスマス、教皇レオ3世から西ローマ皇帝の冠を受けるカール大帝。大帝の衣装にはフランス王室の紋章である「フルール・ド・リス」があしらわれているが、実際に使用されたのは12世紀頃のこととされている。(『カールの戴冠』/ヴェルサイユ美術館/19世紀/油彩)

また、カールは、教会守護のほか、聖職者の徳育にも力を注ぎ、教会と修道院に学校の設置を命じた。さらに王宮を築いたアーヘンの宮廷学校に、アルクィンなどの教会指導者を招き、ラテン語や古典文化の研究を行なわせた。

この宮廷学校では、小文字書体の考案や、論理学や自然学の学問体系の整備が行なわれたほか、教会の典礼書も集成された。

カール大帝によって行なわれたこれらの古代文化復興運動は、「カロリング・ルネサンス」と呼ばれている。

ロバート・ブルース

イングランドに抗い続け
独立を果たしたスコットランド王

名画DATA

作者名	ジョン・ダンカン
作品名	『ロバート・ブルースとドゥ・ブーン』
所蔵先	スミス美術館・博物館
制作年	二〇世紀
画法	油彩

スコットランドでは一二八六年、国王アレグザンダー三世が王子を残さず急死したことから、後継者争いが勃発《ぼっぱつ》した。それに乗じてイングランド王エドワード一世がスコットランドに侵入し、スコットランド王位の象徴である「戴冠石」を奪った。

イングランドの侵攻に対し、スコットランドの人々の反感は根強く、一二九七年、愛国の騎士ウィリアム・ウォレスがグラスゴー東南のラナクで蜂起すると、多くの人々

名画の見方　バノックバーンの戦いにおいて、ロバート・ブルースは、前線を視察中、ヘレフォード伯の甥ヘンリー・ドゥ・ブーンに一騎打ちを挑まれた。ロバートはひるむことなく持っていた手斧で相手の頭を打ち砕き、スコットランド軍は大いに士気を高めたという。

が彼のもとに馳せ参じた。しかし一三〇五年にウォレスは敗れ、ロンドンにて処刑された。

ウォレスの後、イングランドに対する反抗の旗手となったのが、スコットランド王朝の血を引く大貴族ロバート・ブルースである。

彼は早くからスコットランドの反乱を支援していたが、一三〇六年、親イングランド派に内通したジョン・カミンをダムフリースの教会内で殺害すると、ロバート一世として即位する。当時、教会内での流血は聖域を冒涜《ぼうとく》するものとして最大の罪とみなされていた。そのためイングランドや、ローマ教皇らの強い反感を招き、ロバートは教皇から破門《はもん》宣告を受けることになった。

そうした窮地のなか、鎮圧にやってきたエドワード一世に敗れたロバートは、ビュー島、ヘブリディーズ諸島、北のオークニ諸島など、島々を転々と逃げ回ることを余儀なくされた。

◇ロバートの反撃とエドワード一世の死

しかし翌一三〇七年、ロバート・ブルースは体制を立て直し、スコットランドに上陸する。彼の腹心といわれたジェームズ・ダグラスが、ダグラス城をイングランド軍から奪い返す一方、ロバートも北部へ進撃し、インヴァロシーなどを占領して巻き返しに転じる。ロバートはイングランド軍とは正面からの決戦を避けてゲリラ戦を展開。その結果、各地で連勝して城をイングランドから奪い返し、前線を南へ押し戻していった。

さらにロバートに願ってもないことに、同年にエドワード一世が病死し、息子のエドワード二世が即位したのである。しかもエドワード二世は、「余の骨を先頭に進撃せよ」という父の遺言を守らず、葬儀のために戦いを中止しロンドンへ戻ってしまった。

そのためスコットランドに駐屯するイングランド軍の士気はみるみる下がり、その間にロバートは各地を抑え、スコットランド全土で支配を強めていく。

この長い解放闘争に決着をつけたのは、一三一四年六月のバノックバーンの戦いである。

スコットランドに駐屯するイングランドの守備軍の拠点スターリングを巡り、ロバート軍はエドワード二世率いる大軍と激突した。ロバート軍は、スコットランド軍よりはるかに多い二万のイングランド軍を急襲。一方的な勝利をおさめ、戦場を流れるフォース川は、おびただしい数のイングランド兵の死体で埋まったという。この劇的勝利によってロバート軍の優位は決定的となり、四年後にはイングランドの最後の拠点ベリクも奪回し、スコットランドからイングランド軍を駆逐したのである。

ロバート・ブルースによってスコットランドは事実上独立を回復。ロバートは一三二三年に教皇から破門も解かれ、スコットランド王として認められる。そして一三二七年にはエドワード二世が失脚したイングランドと和解し、翌年、正式に独立を勝ち取ったのである。

エディンバラ城の城門の左右には、ウィリアム・ウォレスとともにロバート・ブルースの像が並び、その業績を顕彰《けんしょう》している。

ピョートル一世

海軍の強化で近代化の道を拓いたロシア史上最高の名君

名画DATA

作者名	ポール・ドラローシュ
作品名	『ピョートル一世』
所蔵先	ハンブルク美術館
制作年	一八三八年
画法	油彩

西欧諸国に遅れを取っていた十七世紀のロシアに登場し、近代化へと導いたロマノフ朝第五代の皇帝ピョートル一世は、ロシア史上最高の名君とも言われる。

彼は第二代皇帝アレクセイの子として生まれたが、すんなり帝位についたわけではない。彼にはふたりの兄弟がおり、父の死後、後を継いだ長兄フョードル三世が後継者を残すことなく早世したため、後継候補はピョートルとその異母兄のイヴァンに絞られた。結局、一六八二年にイヴァンが第一皇帝の座につき、十歳のピョートルは次席の皇帝とされ、ふたりの姉ソフィア・アレクセーエヴナが摂政《せっしょう》となり、実権を握った。

ピョートルは公式的な儀式に臨席する以外は必要とされず、郊外で大好きな戦争ごっこに明け暮れたり、西欧人と触れ合ってその技術や文化に触れたりと気ままに過ごしていた。

転機が訪れたのは一六八九年のこと。ソフィアがピョートルを排除しようとする動きに出た

名画の見方 フランスの画家ドラローシュが描いた軍服姿のピョートル大帝。大帝は身長2メートルを超える巨漢で、巨大な手形がロシア国立歴史博物館に残されている。手先が器用だったピョートルは、様々な技術を自ら習得したといわれ、西欧視察の際には、変装して自ら造船所に雇われ、職人に学びながら造船技術を習得したという伝説も残る。

ところ、有力聖職者、貴族、軍などがピョートル側に結集。ピョートルが逆にソフィアを追い詰め、実権を奪うに至ったのである。

こうしてピョートル一世は実質的な皇帝となったものの、政治を母ナターリヤや親族に任せきりで、自身は海軍の創設や近衛連隊《このえれんたい》を引き連れた軍事演習にいそしんでいた。

彼が親政《しんせい》に乗り出したのは一六九四年の母の死後である。しかし、首都モスクワに腰をすえていたわけではない。一六九七年には三〇〇人からなる「大使節団」を率いて、西欧歴訪の旅に出てしまう。外国への長い訪問はロシア皇帝初の試みだったが、各地で進んだ技術や制度を学び、武器を購入したり、軍事の専門家を雇用したりとのちの西欧化に向けた収穫を手にした。

◇北方戦争と西欧近代化

ピョートル一世の治世の大半は、バルト海を押さえ、ロシアからの出口を閉ざしていたスウェーデンとの北方戦争に費やされた。彼はスウェーデンに勝つため、国内の体力増強を図り、西欧化に向けた改革を断行した。すなわち産業の振興を図り、軍に能力主義を採用。貴族行政を廃止して元老院を創設し、国政も合理化。様々な課税によって国家の財政基盤を確立した。

一七〇〇年、ピョートル一世は満を持してスウェーデン領のナルヴァを攻撃し、北方戦争の

1700年に行なわれたナルヴァの戦いにおけるピョートル大帝。ピョートル大帝は、スウェーデンのカール12世の精鋭部隊による奇襲を受けて、6000人の死傷者と1万人の捕虜を出した。惨敗であった。（『ナルヴァを攻略するピョートル大帝』ニコライ・スワード／トレチャコフ美術館／1859年／油彩）

戦端を開く。しかし、カール十二世率いるスウェーデン軍は強く、攻撃は失敗に終わる。だがピョートル一世は諦めず、再度攻勢に出てイングリアを占領し、一七〇三年にはこの地にサンクト・ペテルブルクの建設を始めた。そして一七〇九年のポルタヴァの戦いで圧勝する。

以後、ロシアとスウェーデンの力関係は逆転し、ロシアは一七二一年までにバルト海沿岸をほぼ支配下に収めたのである。

ロシア帝国を躍進へと導いたピョートル一世は、業績を讃えられ、「大帝」と呼ばれている。

フリードリヒ二世

プロイセンを強国に押し上げた啓蒙専制君主

名画DATA

作者名	ユリウス・シュレーダー
作品名	『コリンの戦い後のフリードリヒ二世』
所蔵先	ライプツィヒ造形美術館
制作年	十九世紀
画法	油彩

プロイセン王国は、十二〜十三世紀の東方植民によって形成されたブランデンブルク辺境《へんきょう》伯領《はくりょう》を基礎とし、ブランデンブルク侯家のホーエンツォレルン家が、本領と東プロイセン、ライン川流域の領土を合わせたことで生まれた。このプロイセンを強国に押し上げ、大王として今なお尊敬を集める人物が、フリードリヒ二世である。

若い頃のフリードリヒ二世は学芸に親しむ少年だったため、軍人王の異名を取る父フリードリヒ一世から軟弱と見下され、激しく対立したこともあった。しかし一七四〇年に即位すると一転、フリードリヒ二世は優れた君主かつ軍事指導者としての才能を発揮することになる。

彼が世界史に最初に名を刻んだのは、即位した年に始まるオーストリアの女帝マリア・テレジアとの対決であった。オーストリアには王女しかいなかったので、神聖ローマ皇帝カール六世が没すると、娘のマリア・テレジアが女帝として即位した。フリードリヒ二世はこれに異を

名画の見方 ドイツの画家シュレーダーの作品。舞台は、七年戦争下の1757年に起こったプロイセン軍とオーストリア軍によるコリンの戦いである。プラハ包囲中のフリードリヒ2世の軍にレオポルト・フォン・ダウン率いるオーストリア軍が接近。決戦となったが、プロイセンが敗北し、ボヘミアからの撤退へ追い込まれた。フリードリヒ2世のこの肖像はこの敗戦時の姿を描いたもの。

唱え、突如軍隊を資源が豊富なポーランドのシュレジエンへ入れ、領有を主張する。

これを機にオーストリア継承戦争が始まった。フリードリヒ二世は、自ら軍を率いてシュレジエンに侵攻し、二度にわたってオーストリア軍を撃破したが、オーストリアもしぶとく抵抗し、熾烈《しれつ》な争奪戦が繰り広げられた。結果、一七四五年にドレスデン和議が結ばれ、マリア・テレジアの家督相続と、神聖ローマ皇帝位を夫フランツ・シュテファンが継ぐことを認める代わりに、プロイセンはシュレジエンを獲得したのである。

◇七年戦争の危機

しかし平和は長く続かなかった。オーストリアのマリア・テレジアがプロイセンを警戒するフランス、ロシアと組み、シュレジエンの奪回を画策したのである。一七五六年、七年戦争の火蓋《ひぶた》が切って落とされた。プロイセン軍は、初戦こそフリードリヒ二世の巧みな戦術で勝利したものの、三国を敵に回し、絶望的な戦いを強いられる。フリードリヒ二世自身も負傷するなど戦況は悪化の一途をたどり、一七六〇年にはオーストリア兵がベルリン間近に迫った。

このときフリードリヒ二世は自決を覚悟したが、思わぬ好機が訪れる。一七六二年にロシアの女帝エリザベータが亡くなり、ロシアが脱落したのだ。プロイセンとオーストリアの形勢は

フリードリヒ２世は、プロイセンの寒冷でやせた土地でも生育するジャガイモの栽培を奨励し、普及のために自ら領内を巡回した。そうした姿はプロイセンの国民から慕われ、「老フリッツ」の愛称で呼ばれた。(『シュヴァイトニッツに向かうフリードリヒ大王』ヨハン・エミール／個人蔵／ 1865 年／油彩)

逆転。一七六三年、フリードリヒ二世はシュレジエンのプロイセンによる永久保有を認めさせて戦争を終結させたのである。

こうして七年戦争も乗り切ったフリードリヒ二世は、西プロイセンを獲得するなど、一代でプロイセン王国の領土を倍増させ、強国に押し上げた。また、国内においては「君主は国家第一の下僕」と称し、啓蒙専制君主《けいもうせんせいくんしゅ》であろうと努めた。君主は国家の調整役という立場に徹し、芸術を愛する本来の姿を棄てて国家の発展に尽力したのである。

ラメス二世

戦争と建築でエジプトに栄光の時代をもたらしたファラオ

名画DATA

作者名	不明
作品名	『ラメス二世』
所蔵先	アブ・シンベル大神殿
制作年	紀元前十三世紀
画法	壁画

紀元前一二〇〇年代、古代エジプトの第十九王朝のファラオ（王の意）・ラメス二世は、長年にわたるヒッタイト王国との争いに終止符を打ち、エジプトに栄光の時代をもたらした王として知られる。六七年にもおよぶ治世のなかで、その前半は戦争期、後半は建築期に分けられるが、いずれにおいても偉大な業績を残した。

ラメス二世が即位した頃のエジプトは、シリアへ南下しようとする小アジアのヒッタ

名画の見方　アブ・シンベル大神殿の壁画として描かれたカデシュの戦いにおけるラメス2世の姿。ファラオの姿がひときわ大きく描かれるのは古代エジプト絵画の慣例である。実際には大損害を受けた戦いでありながら、敵を追撃する勇敢な姿が描かれている。

イト王国との間に緊張関係が続いていた。ラメス二世も、即位後からヒッタイト王国よりシリアの回復を企図してアジア遠征を行ない、たびたびヒッタイトと矛を交えている。なかでも最大の戦いとされるのが、「カデシュの戦い」である。

前一二八六年頃、ラメス二世は二万人の軍団を率いて北シリアの要衝《ようしょう》カデシュへと兵を進めた。対するヒッタイト王ムワタリも三五〇〇台の戦車隊を含む二万人の軍勢を率いてこれを迎え撃つ動きに出る。

戦いを前にヒッタイトの斥候《せっこう》を捕らえ相手の動きを知ったラメス二世は必勝を期したが、これはヒッタイト軍の罠であった。真っ先に叩かれた後続部隊が本営に逃げ込んできたところへ、ヒッタイトの戦車隊の襲撃を受けてしまう。不意を突かれたエジプト軍は、全滅の危機に陥った。エジプトの記録は、ここでラメス二世がただひとり戦車で奮戦し、ヒッタイトの戦車隊を兵士もろとも河に追い落としたと、超人的な活躍を伝える。戦いもエジプトの勝利に終わったとされ、ラメス二世はエジプト各地の神殿や塔にその戦いぶりを刻ませ、大勝利を喧伝した。

ただしヒッタイトでは逆のことを記録に書いており、実際には、エジプトがカデシュの占領を果たせなかったことを見ても、両軍の痛み分けに終わったと思われる。

その後もヒッタイトとエジプトは何度か争ったが、紀元前一二六九年、両国は平和条約を結ぶ。こうしてラメス二世はエジプトに平安の日々をもたらしたのである。

◇建築王が残した巨大神殿群

その後のラメス二世は、豊かな経済力を投入して巨大な神殿や塔などの建築に情熱を傾けた。

アブ・シンベル大神殿正面の四体の像はすべてラメス２世の像。その足下には妃や王子たちの立像が彫られている。

テーベでは、カルナックのアメン大神殿を完成させ、ルクソール神殿を増築した。また、ヌビア地方に数々の神殿を建立し、神とともに自らを神格化させて祀らせた。なかでも壮大な規模を誇るのが、岩山に掘られたアブ・シンベル大神殿である。この岩窟《がんくつ》神殿の入口には四体のラメス二世坐像が刻まれており、その高さは二〇メートルを超える。絶大な権力をうかがわせるその威容は、世界遺産として保存され、現代にラメス二世の業績を伝えるもののひとつとなった。

これらの神殿の壁には自身の業績を刻ませ、栄光の時代の証とした。巨大な神殿と記録された業績により、ラメス二世の偉大な治世が後世にまで語り継がれることになったのである。

メフメト二世

コンスタンティノープルを陥落させたオスマン帝国の王

名画DATA

作者名	ジャン・ジョセフ・ベンジャミン・コンスタン
作品名	『メフメト二世のコンスタンティノープル入城』
所蔵先	オーギュスタン美術館
制作年	一八七六年
画法	油彩

十三世紀の建国以来、アナトリア地方を拠点として勢力拡大を続けてきたオスマン帝国を最盛期へと導いたスルタン（イスラーム世界の世俗君主）がメフメト二世である。

一四三二年の即位後、東欧侵攻を続けたメフメト二世が、目標と定めていたのが、ビザンツ帝国の首都コンスタンティノープルの攻略であった。

ヨーロッパとアジアの境に位置し、ボスポラス海峡に面したコンスタンティノープルは、地中海貿易の中心かつ東西交通の要衝として栄えた。この地をオスマン帝国は、是が非でも手に入れたかった。

その頃のビザンツ帝国は、首都とその周辺に領土をわずかに残すのみであり、かつての繁栄は失われていたが、東ローマ帝国の系譜を受け継ぐ由緒ある国家であり、ヨーロッパのキリスト教文明にとってイスラーム勢力に対する最前線の砦《とりで》でもあった。それゆえ、オスマン帝国の

名画の見方 イスラーム教の象徴である三日月の装飾が施された王錫を掲げるメフメト２世の足下には、聖職者の衣装をまとった人物が横たわる。ビザンツ帝国最後の皇帝となったコンスタンティヌス 11 世が、城門を巡る戦いのなかで姿を消し、命を落としたという伝説を髣髴とさせる場面である。

侵攻に際して、ジェノヴァやヴェネツィアから援軍が送り込まれている。

加えてコンスタンティノープルは、堅固な要塞都市としても知られていた。都市は三方を海に囲まれ、総延長二六キロメートルに及ぶ、三重の城壁に守られていた。そのため七世紀以来の度重なるイスラーム教徒の攻撃にも耐え、オスマン帝国の攻撃も二度にわたり跳ね返していたのである。

◇山越えをしたオスマン艦隊

一四五三年四月、メフメト二世は一〇万の大軍をもってコンスタンティノープルを包囲した。長期戦によって攻略に失敗した過去を踏まえ、メフメト二世は、大軍による短期決戦で決着をつけようと考えた。

まずは街への補給路となっている金角湾《きんかくわん》へ侵入して補給を妨害し、湾を封鎖しようとしたが、ビザンツ側は湾の入口をしっかり封鎖しており、侵入を許さなかった。

しかし短期攻略の是非が勝負とみていたメフメト二世は、ここで思わぬ策に打って出る。湾北側の陸地を地ならしして油を塗った板を敷き詰めると、七〇隻の大艦隊にその上を滑らせ、一夜のうちに陸上輸送して金角湾内へと移動してみせたのである。

こうして金角湾が封鎖されたことで、コンスタンティノープルは完全に孤立する。

守りを固めて必死の抵抗を続けるビザンツ帝国に対し、メフメト二世は陸海両面より波状攻撃を続け、ついに五月二九日、オスマン帝国軍が城門のひとつを打ち破り、市内へ侵入することに成功する。

間もなくキリスト教徒の都市はイスラーム教徒の手に落ち、ビザンツ皇帝コンスタンティヌス十一世も命を落とした。千年以上続いたビザンツ帝国滅亡のときである。

その後三日間、激しい略奪が行なわれたとキリスト教側の記録は伝えるが、メフメト二世がこの都市を首都にしようと考えていたこともあり、実際の略奪はそれほど激しくはなかったといわれる。

メフメト二世は、コンスタンティノープルをイスタンブールと改名し、ここに首都を移した。そして聖ソフィア大聖堂がそのままモスクに転用されたが、聖堂内のイコン（聖像画）が塗り潰された痕跡も発見されている。それは文化遺産の破壊であった

この勝利によりメフメト二世はオスマン帝国のヨーロッパ進出の地歩を固めることに成功した。一方で官僚制度を整えて国力を高めると、やがてバルカン半島へも進出し、セルビアを併合、ボスニアを従えて侵略と征服を重ねていくことになる。

ベンジャミン・フランクリン

アメリカの独立運動に奔走した建国の父

名画DATA

作者名	ジョゼフ・デュプレシ
作品名	『ベンジャミン・フランクリン』
所蔵先	ナショナル・ポートレート・ギャラリー
制作年	一七八五年頃
画法	油彩

アメリカ独立宣言の起草者のひとりとして知られるベンジャミン・フランクリンは政治家にして科学者、文筆家と多様な顔を持つ知識人である。

その多彩な才能は若い頃から発揮され、貧しい労働者の子として生まれたために十分な教育を受けられなかったものの、印刷・出版業を手掛ける実業家として成功する。

一方で科学の研究や発明を好み、一七五二年には凧《たこ》を使って雷の正体が電気であることを証明してみせた。そのほか避雷針《ひらいしん》や遠近両用メガネを発明するなど、彼の発明への情熱を示す例は枚挙に暇《いとま》がない。こうした科学の活動は一躍彼の名声をヨーロッパ中に響かせるものとなる。一七五六年にはイギリスのロイヤル・ソサエティ（王立協会）会員に選ばれ、名門オックスフォード大学から学位を与えられるなど、ヨーロッパで最も著名なアメリカ人となった。

これに並行して政治活動も積極的に行ない、一七五一年からはペンシルヴェニア植民地議会

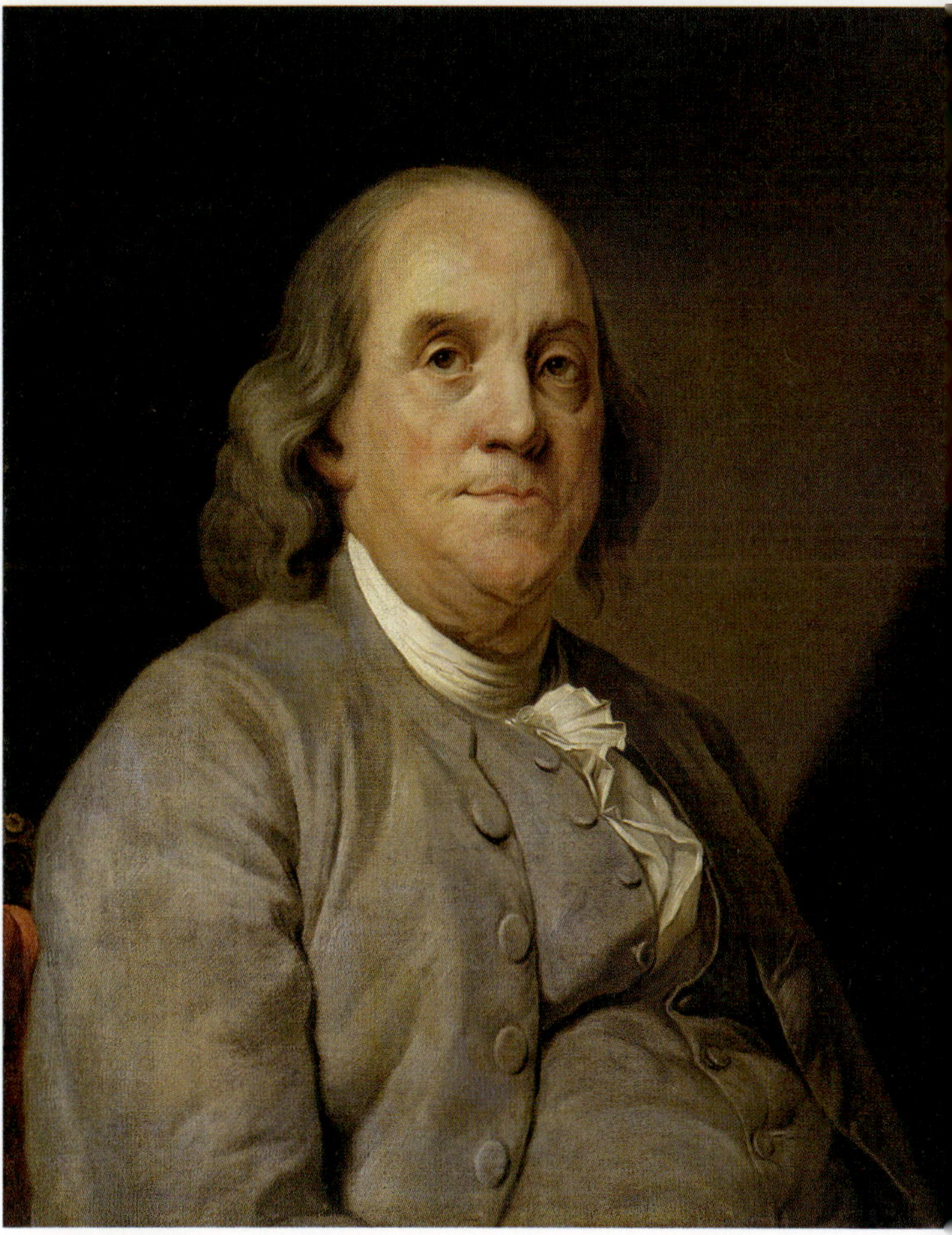

名画の見方 100ドル紙幣に描かれているフランクリンの肖像。1963年までハーフダラー銀貨にもこの肖像が彫られていた。フランスの画家デュプレシによって描かれたフランクリンは、親しみやすく愛嬌のある姿をしている。彼の科学上の名声と人柄はフランス人にも好評で、独立革命への惜しみない援助を引き出すことに成功した。

の議員を務めている。とくに北米十三植民地の宗主国であったイギリスに深く関わり、イギリスが、一七六五年に印紙法《いんしほう》（法律・商取引文書や新聞などの書類、刊行物に、本国発行の印紙を貼ることで徴税を行なった）を定めた時には、イギリスに渡って廃止活動を展開し、実質上、各植民地の代表となった。

◇フランスを味方につけたフランクリン

フランクリンは、アメリカ独立宣言の起草に関わったことで知られるが、じつは独立戦争においても重要な役割を果たしていた。

そもそも独立戦争は、植民地からの収奪を強めるイギリス本国が一七七三年、東インド会社に植民地での茶の独占販売権を与え、これに反発した植民地の人々が、ボストンに停泊する東インド会社の船に乗り込み、茶箱を投げ捨てたボストン茶会事件に端を発する。これをきっかけに一七七五年四月、イギリス軍と植民地側が衝突し、戦争へと発展した。

この過程においてフランクリンは一七七五年には大陸会議の代表に選ばれ、初代郵政長官となる。一七七六年七月四日には、ジェファソンを助けて起草した独立宣言を採択した。

そして同年フランクリンはフランスに渡った。それは、独立戦争が長引くと考え、フランス

1776年7月4日、フィラデルフィアで開かれていた第2回大陸会議において、独立宣言に署名する決定的瞬間を描いた絵画。中央に立っている5人の人物のうち、右端がフランクリンである。フランクリンの肖像に対し、こちらの絵は、2ドル紙幣の裏面図版に使用されている。(『独立宣言への署名』ジョン・トランブル/アメリカ合衆国議会議事堂/1819年/油彩)

の世論を味方に付け、国王ルイ十六世から援助をとりつけるためであった。フランスでは啓蒙主義者たちと交流し、彼の話に刺激を受けたラファイエットらフランス貴族たちが、義勇軍としてアメリカ大陸に渡っていった。

こうしてフランクリンは、フランスの世論を独立支持、ひいては積極的支援へと誘導し、フランス国王をも動かした。

一七七八年には米仏間で同盟条約が結ばれ、一〇億リーブルもの資金を得ることに成功。また、ヨーロッパの世論を味方につけたことで、不利だった戦況を好転させ、アメリカの独立を実現したのである。

ヘラクレス

十二の難業を克服したゼウスの子

名画DATA

作者名	ヨハン・コーラー
作品名	『ケルベロスを連れ去るヘラクレス』
所蔵先	エストニア美術館
制作年	一八五五年
画法	油彩

ギリシア神話中最大の英雄ヘラクレスは、ゼウスがミュケナイの王女アルクメーネーを見初めた結果、生まれた。半神半人である彼は剛力《ごうりき》を備えた英雄であったが、ゼウスが他に産ませた子であったため妻ヘラの怒りを買い、ヘラクレスはその呪いに翻弄《ほんろう》される人生を歩むことになる。

ヘラクレスは戦車や武器の扱い、武術などをギリシア中の英雄たちに学んで身につけ、名だたる勇者へと成長する。やがて妻子を持ったヘラクレスに対し、ヘラが正気を失う呪いをかけた結果、ヘラクレスは息子と妻、そして弟の子を殺害してしまう。

正気に返ったヘラクレスはこの行為を悔やみ、その罪を贖《あがな》うために神託に従って、ネメアのライオン退治、レルネの水蛇ヒュドラ退治など、一二の難業に挑む。やがて持ち前の怪力と勇気でこの難業を克服し罪を許されたヘラクレスであったが、ヒュドラの毒によって命を落とす。そして、父ゼウスによって天に上げられてオリュンポスの神々に迎えられた。

名画の見方 ヘラクレスが冥界の番犬ケルベロスを力でねじ伏せた場面。ケルベロスは3つの頭を持つどう猛な怪物で、冥界に出入りする者を見張っていた。ヘラクレスは武器を使わないことを条件に、冥界の王ハデスからケルベロスを捕らえることを許されると、素手で難なくねじ伏せてしまったという。

第二章

常勝を誇る名将の世界史

北方の獅子
グスタフ・アドルフ
→78ページ
傭兵出身の元帥
デュ・ゲクラン
→66ページ
近代戦の巧者
テュレンヌ
→74ページ
フランスの革命児
ナポレオン・ボナパルト
→86ページ
ノルマン朝の開祖
ウィリアム一世
→62ページ
女王の海賊
フランシス・ドレーク
→70ページ
史上最高の提督
ホレーショ・ネルソン
→90ページ

アレクサンドロス大王

インダス川域まで征服したマケドニアの王

名画DATA

作者名	シャルル・ル・ブラン
作品名	『アレクサンドロスとポロス』
所蔵先	ルーヴル美術館
制作年	十七世紀
画法	油彩

アレクサンドロス大王は、紀元前四世紀後半にエジプトからインダス川域までの広範囲な世界を征服したマケドニアの王である。

父親であるフィリッポス二世は、紀元前三三八年にカイロネイアの戦いで、テーベ、スパルタなどの諸都市連合軍に勝利すると、ギリシア世界の盟主として君臨したが、紀元前三三六年に暗殺され、弱冠二十歳のアレクサンドロス三世（大王）が王位を継いだ。

王位継承後に起こった内紛や反マケドニア運動を鎮圧すると、紀元前三三四年にアレクサンドロスは、東方ポリスの建設を目指して、アケメネス朝ペルシアを主目標とする東方遠征を開始する。

大王は長槍「サリッサ」を装備した歩兵たちによる密集陣形「ファランクス」と、騎兵戦術を巧みに駆使して、翌年のイッソスの戦いに勝利した。そして、紀元前三三一年のガウガメラ

名画の見方 紀元前326年、アレクサンドロス大王はヒュダスペス川にてインドの大王ポロスを破ったという。白馬にまたがり手を差し出すのがアレクサンドロス大王。画面左で抱えられる巨漢がインド王ポロスである。ギリシアからインダス川まで到達したアレクサンドロス大王の遠征も、この地で東限を迎える。これより東にはチャンドラグプタ率いるインドの連合軍が強力な軍を率いて待ち構えていた。

の戦いでアケメネス朝を滅ぼし、遠征の目標を達成した。以降も東征を続けたアレクサンドロスが獲得した領土は、西はエジプト、リビアから中央アジアを越えて、東はインダス川にまで及ぶ広大なものだった。

そうした業績からアレクサンドロスは、カルタゴのハンニバル、ローマのカエサル、フランスのナポレオンとともに、四大軍略家といわれている。さらにアレクサンドロスは遠征の途中で、エジプトのアレクサンドリアなど、自らの名を冠した都市を各地に造営している。

また、アレクサンドロスはヨーロッパとアジアとの東西文化の融合に心を砕いた。二十九歳の頃に結婚したロクサネが、アケメネス朝の支配下にあった中央アジアのバクトリアの貴族の娘であったこともこの政策と無関係ではない。

かくして生まれたヘレニズム文化は、アレクサンドロスの功績を語る上で欠かすことのできないものとなる。

◇征服王の伝説に満ちた最期

若くして空前の領土を獲得したアレクサンドロス大王には多くの逸話や伝説がある。

アレクサンドロスが、東方遠征中に、小アジア（現トルコ）の王国フリュギアの首都ゴルディオンに入った時のことである。そこには、かつて同地の王に迎え入れられたゴルディアスが神殿に奉納した荷車があった。

ゴルディアスは、「王様の耳はロバの耳」で知られるミダス王の父である。荷車と神殿の柱との間には、ゴルディアスが決してほどけないように結びつけた紐《ひも》があった。そして、この結び目をほどいた者がアジアの支配者になるという伝説があった。これを聞いたアレクサンドロスはやおら剣を取り出すと、一刀両断のもとに結び目を断ち切ってしまったのである。そこでアレクサンドロスは言った。

「運命とは伝説によってはもたらされない。自らの剣で切り開くものだ」

しかし、アレクサンドロス大王の運命は突然終わりを告げる。

紀元前三二三年六月。遠征先からメソポタミアのバビロンに帰還したアレクサンドロスは、熱病にかかり、そのまま亡くなってしまう。享年三十二。死の際、部下に後継者を訊かれ「もっとも強い者に」とだけ答え、それが遺言となった。この遺言が、半世紀にもわたる争乱の火種となる。

死後、遺言を実行するように配下の有力な将軍たちが後継者争いを繰り広げたのだ。結果として、アレクサンドロスの大帝国は、マケドニアとシリア、そしてエジプトに分割され、それぞれを三人の将軍が治めることとなった。

ウィリアム一世

イギリス王室の基礎を固めたノルマン朝の王

名画DATA	
作者名	フランソワ・イポリット・デボン
作品名	『ヘースティングズの戦い』
所蔵先	カン美術館
制作年	十九世紀
画法	油彩

由緒ある歴史を誇るイギリス王室。しかし、イングランドを征服して、中世イングランド、ひいてはイギリス王室の基礎を固めたのは、フランスからドーヴァー海峡を渡ってきたノルマン人であった。

十一世紀のイングランドは、北海《ほっかい》を内海とする大帝国を築いたデーン人（ヴァイキングの一派）のクヌートにより建てられたデーン朝が三代で途絶え、アングロ・サクソン系の王朝が復活したかに見えた。

しかし、一〇四三年に王位に就いたエドワード懺悔王《ざんげおう》は人望がなく、国内が混乱に陥った。エドワード懺悔王の死

名画の見方 ヘースティングズの戦いにおいて勝敗を決した瞬間。イングランド軍がなぜ崩れたかについては、ウィリアム１世が退却を装ってイングランド軍の前衛を突出させ、反撃に転じたためとする説、ノルマン軍の弓兵がイングランド軍の前衛を超えて後方に攻撃を集中させたためとする説などがある。

後、混乱に乗じてイングランドに侵攻してきたのが、ノルマンディー公ギョーム（英語音でウィリアム）、のちのウィリアム一世である。

このウィリアムの祖先もノルマン人であった。ノルマンディー公国の建国者はロロ。フランス北西部に進出し、フランス王よりノルマンディー公の地位を与えられて定住した人物である。

◇「征服王」の支配が与えた影響

ギョームの父はエドワード懺悔王の従兄弟《いとこ》、母もノルマンディー公家《こうけ》の出身。これを根拠に、エドワードが王位を自分に委譲すると約束していたと主張した。一〇六六年、ギョームはイングランドに侵攻すると、ヘースティングズでエドワードの後継者候補であるウェセックス伯ハロルドと相見《あいまみ》える。

ギョームはハロルドが築いた堅陣に苦戦を強いられたが、巧みな誘引策を用いて相手の陣形を崩し、勝利を収めた。

ハロルドは乱戦のなかで戦死し、アングロ・サクソン王朝は滅亡。ギョームはイングランド王の座に就き、ウィリアム一世となった。

ノルマン朝を開いたウィリアム一世は、イングランド支配に武力と宗教を用いた。占領した土地には、次々に陣地を築き、ロンドン防衛のため、ロンドン塔を中心に二十一マイルごとに城塞を築いた。エリザベス女王が週末を過ごす場所としても知られるウィンザー城も、同様の経緯で築城された城塞のひとつだ。

抵抗するサクソン人は容赦なく弾圧された。この歴史が、のちに支配者であるノルマン人に抵抗するロビン・フッドの物語を生み出す素地《そじ》となっていく。

宗教面では、歴代の国王ではじめて戴冠式《たいかんしき》をウェストミンスター寺院で行なって、教皇の威光を利用した。

それ以外でも、一〇八六年にイングランド最初の土地台帳（ドゥームズデイ・ブック）を作成し、土地の所有関係を明らかにし、徴税、軍役、戦費賦課に役立てた。それは、イングランドにおける封建制度の確立に、財政的な裏付けを与え、イングランド国王による統一支配をもたらしたのである。

ウィリアム一世が打ち建てたこのノルマン朝は、イギリスの歴史上、政治的、文化的に転機となった。それまでのゲルマン的な影響が薄れ、反比例するようにフランス化が進んだ。

たとえば、支配階級の間でフランス語が用いられるようになったのもそのひとつである。一方で英語は被支配階層の言葉となった。英語にフランス語の借用が多くみられるのも、その影響である。

また、イングランド王の立場も一国の主でありながら、ノルマンディー公としてはフランス国王の臣下という微妙な立場となり、以降、英仏両国は切っても切り離せない関係となった。

デュ・ゲクラン

百年戦争下、フランスの劣勢を挽回した機略の天才

名画DATA

作者名	不明
作品名	『シャルル五世とデュ・ゲクラン』
所蔵先	中世の写本
制作年	十四世紀
画法	油彩

中世フランスの軍人であったデュ・ゲクランは、百年戦争（一三三九年〜一四五三年）初期に大活躍し、フランスの劣勢を挽回《ばんかい》した名将である。

デュ・ゲクランは、一三二〇年頃、ブルターニュに封土を持つ騎士の長男として生まれた。少年時代は、父親に禁止されても農民の子たちと荒っぽいスポーツで遊び、乱暴者としても知られたという。長じるに従い馬上槍試合などで名を挙げ頭角を現わすようになった。

その容姿は、背は低くずんぐりとした体つきで、肩幅が広く、長い腕を持っていた。様々な記録に「目立って醜悪《しゅうあく》であった」とわざわざ書かれているから、よほど個性的な外見をしていたのだろう。

一三四〇年代、ブルターニュは公国領の継承を巡って、先代の姪《めい》ジャンヌ・ド・パンドシェーブルと、同異母弟との間で内戦が起こっていた。折しもフランス王家とイングランドが百年

名画の見方 1370 年 10 月、シャルル５世から剣を賜り、フランス王軍司令官に任ぜられるベルトラン・デュ・ゲクラン。シャルル５世は傭兵上がりのデュ・ゲクランを厚く信頼し、通常は貴族階級が就任する司令官の座をデュ・ゲクランに与えた。

戦争のさなかにあり、ブルターニュ問題にもイングランドが異母弟側に立って介入していた。この頃デュ・ゲクランは、母親の宝石類を資金源に部隊を整え、ジャンヌ支持に回る。

一三五〇年にはイングランドに占領されたグラン・フジュレ城を、城の責任者と守備兵の多くが出払った隙に、薪《たきぎ》を持った木樵《きこり》に扮した三〇人余りの部下とともに潜入して占領するという快挙を成し遂げた。

この功績により、デュ・ゲクランは三十四歳にしてようやく騎士に叙任《じょにん》されたのである。

◈フランスのために活躍した機略の天才

晴れて騎士となったデュ・ゲクランは、ジャンヌの夫でフランス王フィリップ六世の甥であるシャルル・ド・ブロワに雇われ、一三五六年、イングランドのランカスター公の軍に包囲されたレンヌの解放に向かった。

その休戦時、弟のオリヴィエが、カンタベリのトマス卿に捕まってしまう。デュ・ゲクランは怒り、イングランド軍の陣地に乗り込むと、チェスに興じていたランカスター公に、トマス卿との決闘審判を申し込んだ。

デュ・ゲクランはこの決闘に見事勝利して弟を取り返し、国内外の騎士から尊敬を得るようになる。

一三六六年、デュ・ゲクランは傭兵たちをまとめ、カスティーリャ王国（現スペイン）に向かった。そこでは、人気のないペドロ残虐王《ざんぎゃくおう》が、異母弟のエンリケ・デ・トラスタマラに王位を渡すよう迫られていた。デュ・ゲクランは傭兵隊《ようへいたい》とともに、エンリケを支援し、勝利に導いた。

その翌年、王位についたエンリケと、イングランドのエドワード黒太子《こくたいし》の支援を得たペドロとの争いが再燃した。そこでエンリケが無謀な戦いを挑んだために、軍中にあったデュ・ゲクランは捕虜となってしまう。当時の捕虜は身代金と引き換えに解放されることになっていたが、なんとデュ・ゲクランは自ら十万クラウンという身代金額を提示して敵方の度胆《どぎも》を抜く。この額は王家の血筋に匹敵する額であった。

デュ・ゲクランは自分の資産の多くを売り、身代金を支払った。しかもフランス王シャルル五世も金を出している。デュ・ゲクランの力がいかに買われていたかを伺わせる逸話である。

かくして解放されたデュ・ゲクランはすぐに傭兵を集め、ペドロ率いるカスティーリャ軍を破ったのだった。

イベリア半島から帰国したデュ・ゲクランは、一三七〇年一〇月、シャルル五世よりフランス王軍司令官に任命された。そして百年戦争開戦以来、イングランドに奪われていた国土を次々に奪還。デュ・ゲクランの活躍でフランスは百年戦争以前の領土をほぼ回復するに至った。

デュ・ゲクランは一三八〇年、シャトー・ヌフ・ド・ランドン包囲中に病に倒れ、没する。遺言により、司令官職の剣はシャルル五世のもとに届けられた。心臓はディナンにある最初の妻の隣りに葬られ、遺体は、最高の栄誉をもってパリのサン・ドニ教会に葬られたのである。

フランシス・ドレーク

スペイン無敵艦隊を破った「女王の海賊」

名画DATA	
作者名	マルクス・ヘラールツ
作品名	『フランシス・ドレーク』
所蔵先	国立海事博物館
制作年	一五九一年
画法	油彩

フランシス・ドレークは、一五四三年頃、イギリス南西部の小作農の家に生まれた。十歳の時、家計を助けるために水夫の下働きになり、二十四歳で遠縁にあたるジョン・ホーキンズの船団に、旗艦《きかん》の航海士として加わる。ホーキンズは、私掠船団《しりゃくせんだん》を率いて敵対国の船や港を襲う国家公認の海賊であった。やがて、ドレークは「ジューディス」という小型船の副長にまで昇格する。

ホーキンズは、黒人奴隷を新大陸のスペイン人に高値で売りつける密貿易にも従事していた。女王エリザベス一世も出資者のひとりだったという。しかし一五六八年、ホーキンズらの活動をよく思わないスペイン側が、嵐を避けてメキシコのサン・ホアン・デ・ウルアに入港したホーキンズ船団を襲撃し、壊滅状態にしてしまう。ドレークは命からがら本国へ逃げ帰った。この一件以降、ドレークはスペインに強い復讐心を持つようになり、スペイン船などに対して海

名画の見方　フランドル出身の画家マルクス・ヘラールツによる作品。画面左下には地球儀が描かれている。ドレークは 1580 年にマゼラン以来の世界周航を達成した。

賊活動を行なうようになった。

一五七七年十一月には、ペリカン号を旗艦とする五隻の船団で、太西洋からマゼラン海峡を経て、スペインの支配下の太平洋に進出。各地で植民地や船を襲って莫大な財宝を奪った。太平洋横断後、インド洋から喜望峰《きぼうほう》を回って、世界周航を達成するとともに、香辛料や財宝を満載して一五八〇年九月、イギリスへと帰国した。ドレークと謁見《えっけん》した女王エリザベス一世は、ドレークの冒険譚《ぼうけんたん》に興じたという。

これをきっかけにドレークはナイトの称号を得て、エリザベス女王から「私の海賊」と呼ばれるようになった。

◇無敵艦隊を破った、ドレークの海賊戦法

エリザベス一世と、オランダを領有するスペイン国王フェリペ二世が衝突するときがきた。一五八八年、フェリペ二世は、一三〇隻の軍艦と三万の兵士から成る、当時最強を謳《うた》われた無敵艦隊をイギリスに派遣した。

一方、ドレークを実質的な指揮官である副司令官に据えたイギリス艦隊は、英仏海峡で無敵艦隊を迎え撃つ。これが「アルマダの海戦」である。圧倒的な力を持つ無敵艦隊に、イギリス艦隊

アルマダの海戦におけるイギリスの火船攻撃。英仏海峡を舞台に数次にわたる海戦が繰り広げられ、カレー沖の海戦で無敵艦隊は決定的な敗北を喫した。(『無敵艦隊の敗北』フィリップ・ジェイムズ・ド・ラウザーバーグ/国立海事博物館/1796年/油彩)

の敗北は必至と思われた。

しかしドレークは、可燃物を積載し火をつけた「火船《かせん》」を突っ込ませる戦術や、機動力を駆使して、無敵艦隊を翻弄《ほんろう》し勝利を収める。とくに焼き討ちの戦術は海賊がよく用いる手であった。

アルマダの海戦の勝利は、エリザベス一世の名声を上げるとともに、国威の発揚につながった。

その後もスペインに対する私掠活動を続けたドレークは、一五九六年にカリブ海沿岸攻略の途中で、赤痢《せきり》に罹《かか》りパナマで没した。海の男として、海の上での生涯を全うしたのだ。

テュレンヌ

「砂丘の戦い」で名声を高めた
フランスの尚武の象徴

名画DATA

作者名	シャルル・フィリップ・ラリヴィエール
作品名	『砂丘の会戦におけるテュレンヌ』
所蔵先	ルーヴル美術館
制作年	一八三七年
画法	油彩

フランス史上、大元帥《だいげんすい》の称号持つ人物は六人しかいない。そのひとりが、ナポレオン以前、最高の将軍かつ戦略家であったアンリ・ド・ラ・トゥール・ドーヴェルヌ・テュレンヌである。

名画の見方　七月革命によって成立したルイ・フィリップの政府が国威発揚のために制作させたもので、砂丘の戦いにおいてコンデ公の軍に止めを刺すべく、テュレンヌが自軍に突撃を命じる場面が描かれている。まさに最前線の激戦が描かれているが、本来テュレンヌはこれほどの前線には出ていない。

テュレンヌは一六一一年、ブィヨン伯アンリを父に、オランダ独立戦争の英雄オラニエ公ウィレムの娘エリザベートを母として、フランス北東部のスダン城で生まれた。幼少時は、体が弱く軍人に向かないと思われたが、アレクサンドロス大王やカエサルの戦史を研究すると同時に、体を鍛えたことで、心身ともたくましく成長した。

十五歳になると、テュレンヌは母により、オランダの叔父マウリッツの軍隊に新兵として入隊させられ、下積みを経験して軍事の基礎を身につけた。やがて、大尉《たいい》となるとオランダ南部で起きたスヘルトーヘンボス包囲戦に参加し軍功を挙げた。

一六三〇年、テュレンヌはオランダを離れ、フランス軍に入隊し、王宮勤務に就いた。一六三五年からは、最後の宗教戦争と呼ばれる三十年戦争に参加。フランスはカトリック国だが、反ハプスブルク外交の立場からプロテスタントを支援したので、ハプスブルク家の神聖ローマ皇帝軍やスペインと対立した。

テュレンヌは皇帝軍を相手に数々の戦功を挙げ、一六四三年に元帥となった。一六四五年には王家の親戚であり、テュレンヌとも遠縁であるコンデ公とともにネルトリンゲンで皇帝軍を破った。

一六四八年に三十年戦争はウェストファリア条約をもって終結したが、テュレンヌの戦功が及ぼした影響は大きい。

◈名声を高めた「砂丘の戦い」

三十年戦争が終わった一六四八年、フランスでは、政治家マザランによる国王への集権化に反対する貴族の反乱が起こった。フロンドの乱である。

当初テュレンヌは、自らへの扱いの悪さを不満としてコンデ公とともに反乱派に協力したが、すぐに王党派《おうとうは》に寝返った。一六五二年には、反乱派に残ったコンデ公とテュレンヌが直接矛《ほこ》を交え、テュレンヌが勝利を収めている。フロンドの乱自体も王党派の勝利に終わり、若き国王ルイ十四世に王権強化をもたらした。

対外戦争でもテュレンヌの活躍ぶりは目立った。フランスはイギリスと同盟して、スペインの統治下にあったフランドル地方の都市ダンケルクを占領。その際テュレンヌは海と砂丘に挟まれた浜辺で、コンデ公の合流したスペイン軍を破った。これが「砂丘の戦い」である。

それからもテュレンヌは、ライン川下流で神聖ローマ帝国軍と戦って勝利を収め、ルイ十四世のために武勲《ぶくん》を重ねた。だが、一六七五年、バーデンのザルツバッハでの戦闘中、砲弾に当たって戦死した。フランスの尚武《しょうぶ》を象徴する名将の死に、国内は悲しみに包まれたという。

グスタフ・アドルフ

三十年戦争に介入し流れ弾に散ったスウェーデンの国王

名画DATA

作者名	ヨハン・ワルター
作品名	『ブライテンフェルトにおけるグスタフ・アドルフ』
所蔵先	個人蔵
制作年	一六三二年
画法	油彩

一六一一年に十七歳でスウェーデン国王となったグスタフ・アドルフ（グスタフ二世）は、早くから病身の父カール九世に代わって多くの政務をこなし、その力量は国の内外に知られていた。だが当時のスウェーデンは、デンマーク、ロシア、ポーランドとの紛争を抱え、内政も安定していなかった。

まずグスタフ・アドルフは、デンマーク、ロシアとの紛争を終息させた。しかし従兄であるポーランド王が、スウェーデンの王位を要求し続けたため、一六二一年、グスタフ・アドルフは、ポーラン

名画の見方　機動砲兵の巧みな配置転換を駆使してハプスブルク家のティリー公に勝利したブライテンフェルトの戦いが、背後に描かれている。

ドに侵攻して大勝すると、自らの王位を認めさせ、ラトビア・リトアニアを得た。この結果、スウェーデンは広大な領土を持つ強国に成長し、グスタフ・アドルフは「北方の獅子《しし》」と怖れられるようになった。

　その一方、内政面でも、ウクセンシェルナを宰相に起用。鉱山開発などを積極的に行なって財政の安定をはかり、法制を整え、病院・郵便・教育などの充実に力を注いだ。

◇プロテスタントの盟主としてヨーロッパに君臨

また、グスタフ・アドルフは即位時に訓練もろくに行なわれていなかった貧弱な軍隊を、徴兵制の導入によって攻撃的で規律ある軍隊に生まれ変わらせた。さらに、弾薬の装填《そうてん》を迅速化《じんそくか》するために紙製薬莢《しせいやっきょう》の使用を定め、歩兵連隊に三ポンド砲を導入して騎兵と砲兵を組み合わせた三兵《さんぺい》戦術を完成させるなど、大胆な軍制改革を矢継ぎ早に行なった。

そして一六三〇年、グスタフ・アドルフは、ヨーロッパ中を巻き込んで長期化していた三十年戦争に、ドイツ新教徒の救援を口実にして介入する。これは、ハプスブルク家の皇帝軍をはじめとするカトリック勢力が勝利してドイツが統一され、カトリック一色に染まると、同じくカトリック国であるポーランドと並び、スウェーデンにとって大きな脅威となるからである。

この年の六月にポンメルンに上陸したスウェーデン軍は、新式の軽量銃や機動性の高い大砲を駆使して勝ち進んだ。

当時、皇帝軍の名将ティリーが槍兵と小銃兵による密集隊形テルシオをもって当初優勢を誇ったが、九月のブライテンフェルトの戦いで逆転。スウェーデン軍が勝利したのだ。これを機に、グスタフ・アドルフの指導力が兵士たちをまとめることになった。

自ら鍛え上げた強力な軍隊で皇帝軍を追い詰めたグスタフ・アドルフであったが、最期は突

リュッツェンの戦いの最中、被弾するグスタフ・アドルフ。強度の近視だったグスタフ・アドルフは、霧のなかで敵中に飛び出してしまったといわれる。(『グスタフ・アドルフの死』カール・ウェルボム／スウェーデン国立美術館／1855年／油彩)

然に訪れた。

最後の敵となったのは、傭兵隊長ヴァレンシュタインだった。一六三二年十一月、両雄がリュッツェンで激突し、戦局はスウェーデン軍が優勢であったものの、自ら軍の先頭に立ったグスタフ・アドルフは、霧のなかでの混戦中に流れ弾を受けて命を落としたのである。

国王を失ったスウェーデン軍は一時苦境に立ったものの、グスタフ・アドルフの下で勇猛果敢に三十年戦争を最後まで戦い抜いた。

その甲斐もあって、戦争終結後のウェストファリア条約で、スウェーデンはバルト海一帯を獲得したのである。

ジョージ・ワシントン

初代アメリカ大統領となった
独立戦争の総司令官

名画DATA

作者名	エマニュエル・ゴットリーブ・ロイツェ
作品名	『デラウェア河を渡るワシントン』
所蔵先	メトロポリタン美術館
制作年	一八五一年
画法	油彩

十八世紀半ばまで、北米大陸は、イギリスをはじめヨーロッパ列強の植民地であった。一七五五年、フランスとイギリスとの間で、アメリカの植民地をめぐる戦争が勃発した。フレンチ・インディアン戦争である。このときの植民地民兵軍指揮官のひとりがジョージ・ワシントンであった。

名画の見方 イギリス軍の油断をついてデラウェア川を渡る植民地軍の姿が劇的に描かれた作品。実際には闇夜で光はなく、星条旗もまだ使われていなかった。中央に描かれるワシントンのポーズも多分に英雄的で、かなりの脚色が施されている。

このワシントンを中心に植民地の人々は、イギリス本国からの援軍と協力して戦い、フランス軍に勝利。北米大陸よりフランスの勢力を駆逐する。しかしイギリス本国は、増大した軍事費の負担を解消すべく、功績のあった植民地の人々にさらなる重税で報いたのである。

北米植民地の人々

は、一七七三年にボストン茶会事件を起こすと、七五年、レキシントンとコンコードでイギリス軍と衝突して独立戦争を開始する。同年フィラデルフィアで開催された第二回大陸会議で、先の戦争で活躍したワシントンが大陸軍の総司令官に任命された。

◈総司令官から大統領へ

ただし、大陸軍といっても正規兵の練度は低く、正規の軍隊訓練を受けていない民兵がこれを補う形であった。兵力、装備ともにイギリス軍に及ばないと見たワシントンは、まずボストンを奪回すると、以降、ゲリラ戦で抵抗を続けた。

しかしイギリス軍が増援を送り込んだため、大陸軍は敗退を重ねた。一七七六年十二月にはニューヨークを奪われて兵力の三分の二を失い、絶望的な状況に追い込まれてしまう。勝利を確信したイギリス軍は、クリスマスで追撃を打ち切る余裕を見せた。

ここにワシントンは勝機を見出す。厳寒の夜、ワシントンは自ら兵を率いて、凍てつくデラウェア川を渡り、二六日にトレントンを奇襲すると、次々にイギリス軍を破り、劣勢を挽回したのである。これ以後の戦いでも大陸軍は弾薬や食糧が欠乏し、苦戦を強いられた。だが、ワシントンは先頭に立ち、兵士たちを奮い立たせた。ヨーロッパでも、アメリカの戦況に注目が集まるなか、一七七八年にはイギリスの宿敵であるフランスが大陸会議に同盟を申し入れた。これにより戦局は逆転した。フランスに続き、スペイン、オランダも参戦し、一七八一年のヨークタウンの戦いで大陸軍が勝利を収めると、二年後には、パリでアメリカの独立を認める講和条約が結ばれた。アメリカ合衆国の誕生である。

さて、ワシントンはどうなったか。じつは戦後、総司令官の職を辞し、農園に帰ってしまった。

だが、アメリカ政府は憲法に基づいて、ワシントンを初代大統領に選出。彼は二期八年間大統領を勤め、国の基礎を整えてから、潔く引退して故郷で余生を送った。

そうした高潔な人柄と、戦場で見せた勇ましさから、ワシントンはアメリカ建国の父として、今も国民に愛されている。

ワシントンの肖像画のひとつ。１ドル札にも描かれている肖像だが、入れ歯の調子が悪く飛び出しそうになってしまったため、口を一文字に閉じているという。(『ジョージ・ワシントン』ギルバート・ステュアート／ワシントン・ポートレイト・ギャラリー／ 1797 年／油彩)

ナポレオン・ボナパルト

フランス革命の精神を浸透させたコルシカ島の英雄

名画DATA

作者名	ジャック＝ルイ・ダヴィッド
作品名	『サン・ベルナール峠を越えるボナパルト』
所蔵先	マルメゾン美術館
制作年	一八〇一年
画法	油彩

ナポレオンは地中海に浮かぶコルシカ島の出身で、祖先はイタリアのトスカナ州に起源を持つ、由緒ある血統貴族だ。当初は、イタリア人名のナポレオーネ・ブオナパルテと名乗っていた。一〇歳で親元から離れ、フランス本土にある陸軍幼年学校を経て、士官学校に進んだが、自分はコルシカ人と公言してはばからなかった。

彼の人生を変えたのは、一七八九年七月に勃発《ぼっぱつ》したフランス革命である。ナポレオンはコルシカ独立を叫ぶ民族主義者だったが、フランス革命に傾倒し、自分の居場所を見出した。

当時、王政を倒して樹立された革命政府は不安定な状態が続いていた。逃亡した国王の親族や貴族たちが巻き返しの機会をうかがうなか、ジャコバン派を倒した総裁政府が主導する議会も派閥争いが絶えない。またイギリスやオーストリアもフランス領内へ干渉戦争を続けていた。

一七九三年、二四歳のナポレオンは、南フランスの港町トゥーロンを巡る戦いで優れた軍事

名画の見方 スペイン国王カルロス４世の注文によって、描かれたナポレオンの肖像。1800年の第２次イタリア遠征に先立って行なわれたアルプス越えを劇的に描く。本来はラバに乗って悪路を進んだナポレオンであるが、雄々しい騎馬像で描かれる。左下の岩に刻まれた名はボナパルト、ハンニバル、シャルルマーニュの３名。アルプス越えを成し遂げた征服者の名前である。ナポレオンは制作当初、ダヴィッドから出たポーズの依頼を拒否したが、完成品を見ていたく気に入り、改めて同じ作品を依頼した。こちらの作品は現在ベルリンのシャルロッテンブルク宮殿に飾られている。

的才能を発揮し、二年後にはパリ市内で発生した王党派の反乱「ヴァンデミエール十三日蜂起」を国内軍副司令官として鎮圧し、将軍に出世した。続いて一七九六年にはイタリア方面軍の司令官に任ぜられる。

ナポレオンは士気も装備も低下していたフランス軍をまとめ、オーストリア軍をイタリアで撃破した。続いてイギリスのインド航路を遮断すべくエジプトへ侵攻するなど、ナポレオンは積極的な軍事行動で名声を高め、国民の支持を得るに至る。そして一七九九年、内輪《うちわ》もめを繰り返す総裁政府を強引に解散させ、統領政府を樹立。五年後の一八〇四年にフランス皇帝の座に就いた。

◈野心家へと変貌した革命の守護者

ナポレオンは、フランス革命の「自由・平等・友愛」の精神に則《のっと》って、「フランス国民のために戦う」姿勢を示し続けた。また革命前から悪化していた国民の生活の改善に力を入れた。彼によって整備された法律『ナポレオン法典』（フランス民法典）は、その後の法制度に大きな影響を与えている。

彼は優れた軍人でもあった。大砲や騎兵を戦場で迅速《じんそく》に動けるようにして、敵の手薄なところを突く作戦を得意とした。また配下の部隊が、自分の命令を伝え聞くと、早く忠実に実行できるように改革の手を加えた。同時に貴族の出であるとか、革命に功があったというだけで将軍に任じられた、それまでの人事制度を見直し、軍事的才能のある者を出世させ、有能な元帥を育てあげた。その結果、ナポレオン軍は、一八〇五年にアウステルリッツ三帝《さんてい》会戦でロシア・オーストリア連合軍を、一八〇六年にはイエナの戦いでプロイセンを、それぞれ打ち破り、強力な軍隊へと成長する。

しかしナポレオン自身は、政府の要職に自分の家族を任命し、苦労を共にし、国民に人気のあった正妻ジョゼフィーヌを離縁して、オーストリアの王女マリー・テレーズと再婚するなど、次第に革命が打倒したはずの王家のように振る舞い始める。

一八一二年、ナポレオンはロシア遠征に失敗した。これを機にナポレオンに支配されていたヨーロッパ各国が一斉に反撃を開始。一八一四年、ついにナポレオンは皇帝の座を追われた。その後、ウィーン会議の隙《すき》を突いて一八一五年に配流《はいる》先のエルバ島を脱し、帝位に返り咲いたが、ワーテルローの戦いに敗れ、大西洋のセントヘレナ島で生涯を終えた。

ナポレオンは倒れたが、彼の支配によってフランス革命の精神がヨーロッパ中に浸透し、国民主義（ナショナリズム）の時代が始まることになる。

ホレーショ・ネルソン

トラファルガーの海戦に散った名提督

名画DATA

作者名	レミュエル・フランシス・アボット
作品名	『ホレーショ・ネルソン』
所蔵先	国立海事博物館
制作年	一七九九年
画法	油彩

海に生きた四七年の生涯は、イギリス海軍最高の英雄と呼んでも過言ではない。彼は、一七五八年、ノーフォーク州で牧師の家に生まれたが、子供の頃から海に憧れていた。十二歳で海軍に入隊すると、厳しい軍務に耐え、勤務にも熱心であった。十四歳でカリブ海への航海に参加し、以後、世界各地の海で軍務に就く。

当時のイギリスは、植民地を巡って、フランスやスペインと熾烈《しれつ》な争いを繰り広げるとともに、アメリカ独立戦争、フランス革命への介入と、戦争が続いていた。これらの戦いのなかで、ネルソンは戦列艦《せんれつかん》（砲撃船）やフリゲートに乗り込んで、勇敢な戦いぶりを認められている。時には、水兵を指揮して陸上でも戦い、一七九三年、コルシカ島のカルヴァの戦闘で右目を失明している。

それでもネルソンは前線に立ち続けた。一七九八年、ナポレオンがイギリス・インド航路の

名画の見方 イギリスの肖像画家アボットの作品。ネルソンは 1794 年のコルシカ島における戦闘で右目の視力を失い、1796 年のカナリア諸島テネリフェ島の攻略戦で右腕を負傷、切断した。肖像画でも右腕がないのがわかる。ネルソンの右目については、失明後、わざと右目に望遠鏡を当てて、「何も見えんぞ」と臨機応変の命令無視をさせたという逸話もある。

遮断を企図《きと》してエジプトを占領すると、艦隊を率いてアブキール湾に停泊中のフランス艦隊を奇襲して壊滅させた。これにより、ナポレオンは一時、エジプトで孤立し、遠征は失敗に終わる。このほかにも、一七九七年のセント・ヴィセントの海戦、一八〇一年のコペンハーゲンの海戦で勝利を収め、四三歳の若さで海軍中将に昇進した。

◈命をかけて祖国を救ったイギリス海軍最高の提督

ネルソンは目覚しい活躍ともうひとつ、在ナポリ大使夫人エマ・ハミルトンとの燃えるような恋物語で知られる。惹《ひ》かれ合ったふたりは、互いに伴侶《はんりょ》がいたにも関わらず、深い関係に陥り、娘まで生まれている。「英雄色を好む」のことわざが、そっくりあてはまる。

そのネルソンを偉大ならしめているのが、フランス・スペインの連合艦隊を撃破した一八〇五年一〇月のトラファルガーの海戦だ。当時、ナポレオンはイギリス上陸を準備しており、海戦の勝敗はイギリスの命運を決すると言っても過言ではなかった。

開戦に臨んでネルソンは、自らが乗船する旗艦「ヴィクトリー」から、「イギリスは各員が義務を果たすことを期待する」と、兵士たちにあてたメッセージを信号旗で掲げ、戦闘に突入した。

激しい銃砲火が交わされるなか、ネルソン指揮のもと、二列縦陣を組むイギリス艦隊は、敵

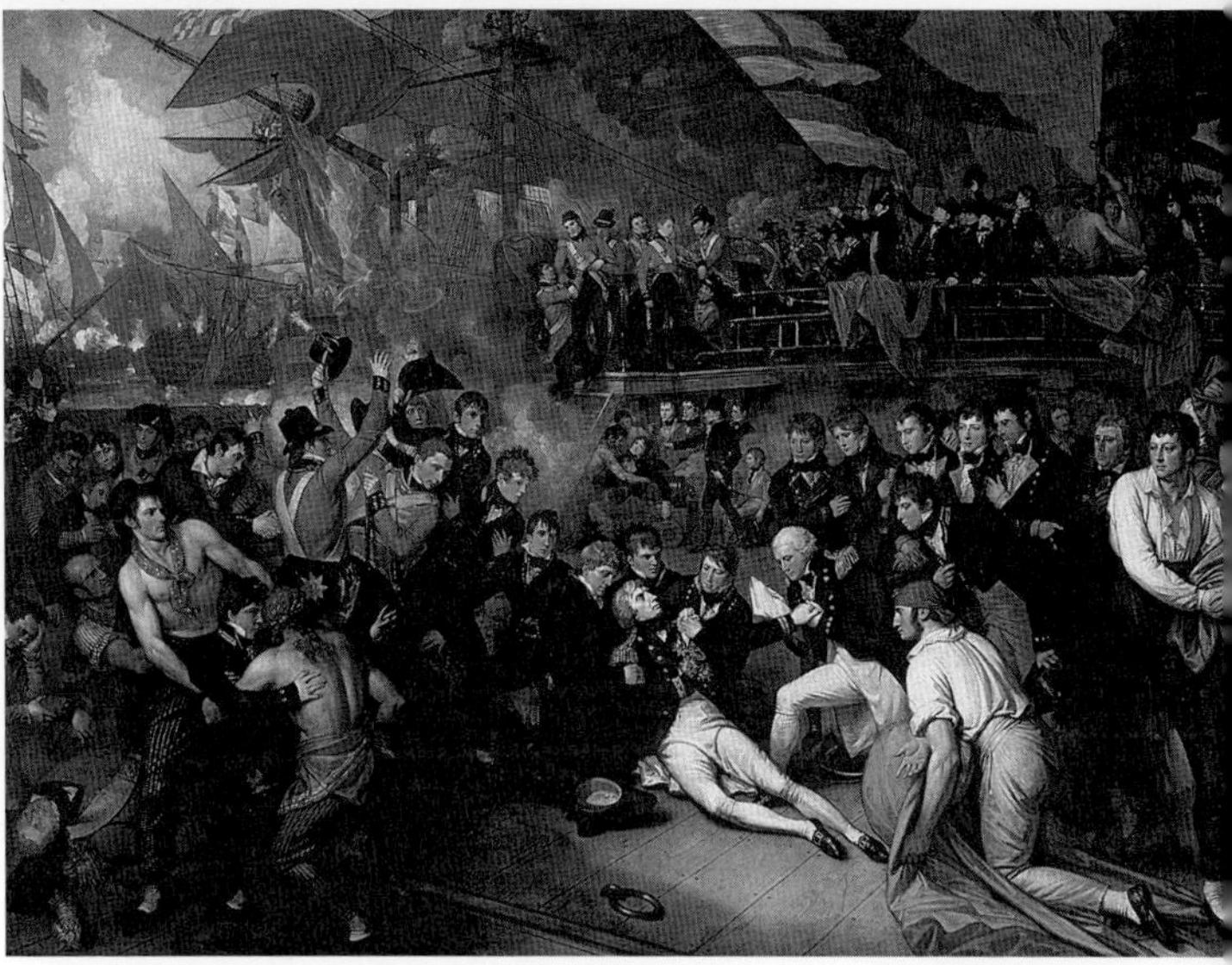

ネルソンの最期を描いた絵画。彼の最期の言葉は、「私は義務を果たしました」と広く伝えられているが、実は不倫関係にあった人妻エマ・ハミルトンとその間に生まれた娘を案じるものであった。(『ネルソンの死─1805年10月21日』ベンジャミン・ウェスト/ウォーカー・アート・ギャラリー/ 19世紀/油彩)

の隊列を横から断ち切る形で突進して分断すると、敵艦を各個に挟み込んで攻撃した。五時間の戦いの末、フランス側は三三隻のうち二九隻が撃沈もしくは捕獲され、一方のイギリス側は沈没無し。イギリス艦隊の圧倒的勝利であった。

だがネルソンは勝負の終結を見ていない。先頭を切って突入した旗艦の甲板上《かんぱんじよう》にあった彼は、乱戦のなかで、敵艦からの銃撃を受け、還《かえ》らぬ人となっていたのだ。

ネルソンは、救国の英雄として国葬に遇された。ロンドン中心部のウェストミンスター広場は彼を讃えてトラファルガー広場と名づけられ、また、後に戦艦の艦名にもなり、多くの名誉を与えられた。

アーサー王

聖剣エクスカリバーを手に円卓の騎士たちを率いた伝説のケルト人の王

名画DATA

作者名	ジェームズ・アーチャー
作品名	『アーサー王の死』
所蔵先	マンチェスター・アート・ギャラリー
制作年	一八六〇年
画法	油彩

ブリテン島には、ロンドンの大聖堂前の巨大な岩に突き刺さった剣があり、この剣を抜いた者が王になるという言い伝えがあった。剣はどんな屈強な男が抜こうとしても抜けなかったが、ひとりの青年が掴《つか》むと、たちまちするりと抜けたという。

その青年の名はアーサー。ブリテン島の王ウーサー・ペンドラゴンの子である。

アーサーが生きた中世のブリテン島は、北からピクト人、西からはウェールズ人、ゲルマン人が侵入し、争いが絶えない時代であった。父の跡を継いだアーサーは、居城キャメロットに、ランスロットやガウェインといった優れた騎士を、「円卓《えんたく》の騎士団《きしだん》」として置き、この騎士団を率いて侵入者を打ち破っていった。だが、ブリテン島を狙う異民族を退けたアー

名画の見方 アヴァロン島におけるアーサー王。４人の妖精的な王妃たちに囲まれ、死を迎えようとしている。魔導師モルガン・ル・フェが魔術の書を読み、右端をよく見ると聖杯を運ぶ天使の姿が浮き上がっている。

サーの留守中、甥《おい》のモルトレッドが反乱を起こし、鎮圧戦でアーサー王は命を落としたと伝わる。一説には、傷を癒《いや》すために聖地アヴァロンへ渡ったともいう。

ケルト人を総《す》べたアーサー王の物語は、伝説を乗り越えて騎士道文学の代表として語り伝えられ、中世騎士道の模範とされた。

第三章

歴史をかき乱したワルの世界史

カリブの海賊王
ヘンリー・モーガン
→ 130 ページ

フランス国王きっての策士
フィリップ二世
→ 106 ページ

乱脈の太陽王
ルイ十四世
→ 126 ページ

冷厳なる共和主義者
ロベスピエール
→ 134 ページ

フン族の帝王
アッティラ
→102ページ
怒れる雷帝
イヴァン四世
→114ページ
ワラキアの串刺し公
ヴラド三世
→118ページ
芸術を愛した狂帝
ネロ
→98ページ
権力に取り憑かれし魔王
リチャード三世
→110ページ
冷酷なる護国卿
オリヴァー・クロムウェル
→122ページ

ネロ

芸術のためにローマを焼き、母を殺した史上最悪の暴君

名画DATA

作者名	ハワード・パイル
作品名	『黄金のリュートを持つネロ—クォ・ヴァディスより』
所蔵先	デラウェア美術館
制作年	一八九七年
画法	油彩

紀元五四年、ローマにおいて、十七歳のネロが帝位に就《つ》いた。のちに史上最悪の暴君《ぼうくん》と呼ばれるようになる皇帝だが、実は即位当初の五年間は、ストア派哲学の師セネカの指導を受けて、のちの暴君ぶりからは想像できない「ローマ最良の時代」と呼ばれる善政をしいていた。

しかし、ネロは次第に自分を支配しようとする野心家の母アグリッピナの干渉を疎《うと》ましく思うようになる。それを察したアグリッピナは、ネロのライバルである異父弟クラウディウスに近づく一方、ネロの心をつなぎとめるべく、近親相姦《きんしんそうかん》を迫ることまでやってのけたともいう。

そんな母に嫌気がさしたネロは五九年、ついにアグリッピナを手にかける。刺客《しかく》を送って殺したのである。

以降、ネロはたがが外れたかのように、暴君としての蛮行を露《あら》わにしていく。

前皇后オクタヴィアを追放し、民衆がこれに抗議すると、オクタヴィアを殺害した。また、

名画の見方 ポーランドの作家ヘンリク・シェンキェヴィチによる西暦1世紀のローマを舞台とした歴史小説『クォ・ヴァディス―ネロの時代の物語』の挿絵で、画家ハワード・パイルの作品。黄金のリュートを手に恍惚の表情で燃え盛るローマの町を見渡す皇帝ネロの姿が描かれている。大火当時はネロが、宮殿から火事を眺めつつ「トロイアの陥落」を吟じていた、新しく宮殿を造るために放火したなどという噂が流れた。

警察長官が奴隷《どれい》に殺害された際はその家の奴隷四〇〇人を皆殺しにするなど、無軌道《むきどう》ぶりを伝える逸話《いつわ》は枚挙《まいきょ》に暇《いとま》がない。急激に独裁化した彼は、愛人や側近の言葉にしか耳を貸さず、己の意に沿わない者をかたっぱしから処刑した。ネロの乱心《らんしん》はエスカレートを続ける。昼間から乱痴気《らんちき》パーティを開き、戦車競走に興じたり、自らナポリの劇場の舞台に立って、大衆の前で歌ってみせたりと、芸術や遊興にのめり込んで政治に見向きもしなくなった。

◈ローマ大火に乗じたネロの非道

なかでもネロの非道ぶりが発揮されたのが六四年七月に起こったローマ大火だ。円形競技場に隣接する倉庫から出た火はまたたくまにローマ市内に燃え広がり、六日間にもわたる延焼で、ローマ十四区のうち、十区を灰燼《かいじん》に帰せしめた。

ところがじきに奇妙な噂が出始める。一説によると、この大火の犯人がネロだったというのだ。好みの宮殿を造りたかったという。ローマ市内を焼き払って邪魔な建物を一掃したわけだ。

実際に彼は、この後、趣向を凝らした豪華な黄金の宮殿を建てさせて自らの望みを実現している。

この風聞《ふうぶん》をもみ消そうとしたネロは、当時ユダヤ人やギリシア人の間で増えつつあったキリスト教徒に目をつけた。彼らを放火犯に仕立て上げて次々に逮捕し、処刑していったのである。円形闘技場において猛獣の前に無防備な姿で立たせ、嬲《なぶ》り殺しにしたり、十字架にかけて火あぶりにするなど、処刑方法も残忍を極めた。

当時キリスト教の最高指導者であったペトロもこのとき捕えられ、十字架にかけられたと伝わる。

その後も横暴がやまないネロに対し人々の我慢も限界に達する。ガリア属州での蜂起《ほうき》をきっかけに各地で反乱が相次いだのである。

ネロは軍費だといって人々から金品を巻き上げたため、民衆の怒りを買い、徴兵に応じる者もいなかった。

ついに元老院《げんろういん》からも見放されて国家の敵という宣告を受けたネロは、慌ててローマから逃げ出そうとするが、時すでに遅し。六八年に死刑に処せられることとなった。

進退窮まったネロは、隠れていた知人の家で自ら命を絶とうとしたが、自殺する勇気も持ち合わせず、自ら喉を突き刺したものの、死にきれなかった。そこで見かねた側近が手助けしてようやく死に至ったという。

このネロの人生とは何だったのか。暴君というのは、実は悲劇のヒーローなのかもしれない。

アッティラ

ヨーロッパ全土を恐怖に陥れたフン族の大王

名画DATA

作者名	ラファエロ・サンツィ
作品名	『レオ一世とアッティラの会見』
所蔵先	ヴァチカン美術館
制作年	一五一四年
画法	フレスコ画

三七五年、黒海《こっかい》沿岸付近に暮らしていたゲルマン民族が突如大挙してドナウ川を越え、ローマ帝国領内へと押し寄せるという出来事が起こった。これがヨーロッパ史を大きく変えたゲルマン民族の大移動である。

大移動の直接の原因を作ったのはフン族。彼らは、中国の北部に割拠《かっきょ》していた匈奴《きょうど》などから成る集団だったといわれている。

ゲルマン民族は、このフン族に居住地を脅かされた

名画の見方 452年、北イタリアを侵略したアッティラと、教皇レオ1世の会見を描いたラファエロのフレスコ画。レオ1世の頭上には剣を持ったペトロとパウロが描かれ、アッティラを含めたフン族が恐れおののく姿が見て取れる。

ため、押し出される形で、西へ移動した。やがてフン族はパンノニア（現ハンガリー）を制圧すると、ヨーロッパ各地へ侵攻を始める。

フン族を率いたのが、他を圧倒する体《たい》躯《く》と分厚い首を持ち、その非道ぶりで知られたアッティラである。四三四年に兄弟と共同統治者となると、四四五年にはこの兄弟を殺害。フン族をまとめあげると、四五三年に亡くなるまで征服活動に邁進し、ヨーロッパ全土を恐怖のどん底に陥れた。

何よりアッティラが恐れられたのは、ヨーロッパ史上類を見ない残虐な侵略者だったからである。征服した都市では、財宝を根こそぎ略奪したばかりか、町を跡形もなくなるまでに破壊した。

住民も容赦なく虐殺。生き残った住民も奴隷にして連行した。

◇結婚を理由に西ローマ帝国に侵入

アッティラに率いられたフン族はカスピ海北岸から西進し、現在のハンガリーのパンノニア地方に根拠地を構えると、東西ローマ帝国に侵攻を繰り返し、コンスタンティノープル付近にまで迫った。この間、七〇の都市を蹂躙《じゅうりん》し尽くし、東ローマ帝国からも莫大な賠償金を得る。

さらに、西ローマ帝国の弱体ぶりに目をつけたアッティラは、西ローマ帝国領のガリア占領を目指す。

おりしも西のローマ皇帝ウァレンティニアヌス三世の妹ホノリアが兄と敵対し、アッティラを味方に引き入れようと指輪を送っていた。

アッティラはそれを逆手《さかて》に取り、これを結婚の申し入れと「解釈」し、持参金として西ローマ帝国の半分を要求。皇帝がこれを拒否すると、ホノリアとの結婚を大義名分に、四五一年、ガリア地方に侵入した。

フン族はライン川の町を略奪して回ったが、西ローマ帝国と、フン族に居住地を追われた西ゴート族の連合軍が到着し、カタラヌウムで両軍入り乱れての戦闘に突入する。この時は連合軍の側面攻撃に混乱したフン族が大敗し、アッティラも危機一髪で逃げ帰った。

しかし、アッティラはひるむことなく翌年に北イタリアの都市へ進撃。たちまちパドヴァ、ミラノなどの都市を占領して略奪の限りを尽くした。

こうしてアッティラは、東はカフカス（黒海〜カスピ海）、西はライン川、北はデンマークにまで版図《はんと》を広げ、大帝国を築き上げた。ヨーロッパ側から見れば恐怖の権化であったが、アッティラ自身は、側近や従う者に対しては気前が良く、公平に振舞うことのできる人物だったという。

そうした人物であったからこそ、大帝国へと発展したのだ。四五三年、北イタリアから撤退後、アッティラが病死すると、カリスマを失ったフン族の帝国は急速に衰退し、歴史から姿を消すことになる。

フィリップ二世

策を駆使してイングランドから領土を取り戻した尊厳王

名画DATA

作者名	オラース・ヴェルネ
作品名	『一二一四年七月二七日、ブーヴィーヌの戦い』
所蔵先	ヴェルサイユ美術館
制作年	一八二七年
画法	油彩

かつてフランス内には大きなイギリス領があった。一一五四年、ノルマンディー地方だけでなく、フランス南西部に勢力を持つアンジュー伯《はく》アンリがイングランドに渡り、ヘンリ二世となってプランタジネット朝を開いたからだ。

この広大なイングランド領を奪ったのが、フランスのカペー朝時代、尊厳王《そんげんおう》と呼ばれたフィリップ二世であった。

フィリップ二世の即位当初、王家の領

名画の見方 シャルル10世より、ルーヴル宮殿の「国務会議の間」に飾る絵画として注文された作品。フィリップ2世がイングランド・神聖ローマ・フランドルの連合軍との戦いを前にミサを行なっている場面である。王冠や白馬は偉大な指導者を顕彰し、画面左半分の兵士群像が国民を暗示する。

地はパリとその周辺に限られていた。イングランドに対し、圧倒的に劣勢にあるなかで、まず彼はフランドル伯の姪《めい》イザベル・ド・エノーと結婚し、カロリング王朝の系譜も受け継いで、フランスでの基盤を固めると同時に、持参金としてアルトワを獲得する。

続いてフランドル伯妃の相続問題に介入して、まんまとアミエノワ、ヴェルマンドウ、ヴァロワの三地方を乗っ取ってしまう。

さらにシャンパーニュ領に

ついても、当主が幼いことにつけ込んで、掌中《しょうちゅう》に収めたのである。

こうして王家の領土を拡大していったフィリップ二世は、イングランドから大陸の領土を奪い返す機会を虎視眈々《こしたんたん》と狙っていた。

一一八九年、またとない好機が訪れる。

目の上のたんこぶともいえる存在だったイングランドのヘンリ二世が亡くなったのである。これを見てフィリップ二世は、狡知《こうち》に長《た》けた謀略の数々を駆使していく。

一一八九年以来、第三回十字軍に参加していたフィリップ二世は、遠征を途中で切りあげて早々に帰還すると、共に十字軍に参加していたイングランド王リチャード一世の留守を突いて、その弟ジョンに兄からの王位簒奪《さんだつ》を吹き込み、その支援を口実にイングランドに兵を送るのである。

この計画はリチャード一世が帰国したため失敗に終わった。しかし、リチャード一世の死後、一一九九年にジョンが即位すると、今度は一転、ジョンを挑発して自分に反抗するように仕向けていった。そしてもともとフランス王臣下のノルマンディー公であるジョンが、パリの貴族法廷の召喚に応じないと、その弱みに付け込む形で、主君としての立場からイングランド王の大陸領土の没収を宣言し、ノルマンディーに攻め入るのだ。フランス軍は各地で勝利を重ね、トゥレーヌ、オーヴェルニュなどフランスの中西部地域を奪い、一二〇六年までに大陸側に残るイングランド領はギュイエンヌを残すのみとなった。

◇日曜日に戦端を開いたフィリップ二世

しかしジョンも黙って引き下がらない。ジョンはフィリップ二世の有力な封臣《ほうしん》だったブーローニュ伯、フランドル伯や、神聖ローマ皇帝オットー四世、さらには教皇インノケンティウス三世も味方に引き入れ、大連合を結成した。

厳重な包囲網に囲まれたフィリップ二世だったが、この時誰もがあっと驚く老獪《ろうかい》な策で抵抗する。当時、教会により日曜日は戦闘が禁止されていた。しかしフィリップ二世はそれを逆手にとった。一二一四年七月二七日の日曜日、神への畏《おそ》れもものともせず、ブーヴィーヌにおいて戦いを挑んだのである。連合軍は不意を突かれた挙句《あげく》、日曜日の戦闘にたじろぐ者が続出し統率が乱れた。そこにフィリップ二世が追い討ちをかけ、勝利をもぎとったのだ。

まさしく目的のためには神をも畏れぬ王。ただし当時フィリップ二世は離婚問題からインノケンティウス三世に破門《はもん》宣告を受けている身にあった。

こうしてフィリップ二世は、イングランド勢力を大陸から駆逐《くちく》することに成功したのである。

リチャード三世

「残忍かつ冷酷、稀代の悪王」の本当の姿とは

名画DATA	
作者名	不明
作品名	『リチャード三世』
所蔵先	個人蔵
制作年	十五世紀
画法	油彩

歴代のイングランド王のなかで最も悪名高い王が、リチャード三世だ。謀略の限りを尽くし、残忍かつ冷酷。傲岸不遜《ごうがんふそん》で、決して人を信じることはなかったという。稀代《きだい》の悪王として、シェイクスピアの戯曲《ぎきょく》にも取り上げられている。

ヨーク公の子として生まれた彼は、物心ついたときから、ヨーク家とランカスター家が王位を巡って争う薔薇《ばら》戦争の渦中で育った。幼い頃には、ランカスター側に捕らえられる憂《う》き目《め》に遭《あ》っている。そのためか、長じてからは、ランカスター軍を破った際に、捕虜の処刑を先頭切って行なうなど、残虐性を発揮し始めた。

彼が後世に忌《い》み嫌われる存在となったのは、兄のエドワード四世の死後のこと。長年この兄を支え、信頼を得ていたが、一四八三年に兄が急死すると一転して野心をむき出しにした。王位を継承した兄の子で十三歳のエドワード五世から王位を奪い取ったのである。

名画の見方 リチャード3世についてはこれまで権力の亡者として語られ、醜悪な姿で描かれてきた。権力欲に取り憑かれ、自分が生き残るために謀略の限りを尽くして兄王と妻、そしてふたりの甥を殺害した人物として人口に膾炙してしまったのは、じつはシェイクスピアの戯曲のせい。本来のリチャード3世は容姿端麗な貴公子で、その悪事の多くは濡れ衣だったことがわかってきた。

まずはエドワード王派の重臣を処刑。エドワード五世の王位継承権を否定して軟禁状態にして、自らがリチャード三世として戴冠式《たいかんしき》を行なった。

さらにリチャード三世は、エドワード五世とその弟ヨーク公をロンドン塔に幽閉《ゆうへい》すると、エドワード五世を擁護するヘースティング卿《きょう》を反逆者として処刑し、邪魔者を排除していった。

◇浮上するもうひとりの容疑者

念願の王位を手にしたリチャード三世であったが、謀略によって得た王位は安定しなかった。即位四ヶ月にしてバッキンガム公が、自分が軽視されたことに腹を立て、リチャード三世への反乱を起こした。これをきっかけに反リチャード派の団結が強まり、その旗頭《はたがしら》としてランカスター家の血を引くヘンリ・テューダーが台頭してくる。ただし血筋から言えば父方、母方ともに王族の庶子《しょし》であったため、本来ならば王位継承権はなかった。しかし野心家のヘンリは、エドワード五世の姉妹、エリザベスとの婚姻を前提に、ヨーク家の反リチャード派も取り込み、一四八五年、ボズワースの戦いに勝利。王位に就いた。

では、ロンドン塔の王子たちはどうなったのか。

一般にはリチャード三世により秘密裏に殺害されたといわれてきた。

リチャード3世によってロンドン塔に幽閉された、エドワード5世、ヨーク公リチャードのふたりが身を寄せ合っている。(『ロンドン塔の王子たち』ポール・ドラローシュ/ルーヴル美術館/ 1830 年/油彩)

一六七四年にロンドン塔からふたりのものと思《おぼ》しき遺骨が発見されており、その死は確実と考えられるものの、首謀者がリチャード三世か判然としない。

そもそも勝者となったヘンリによって、リチャード三世にまつわる残虐性が喧伝《けんでん》されたという。これにシェイクスピアの戯曲が拍車《はくしゃ》をかけたのである。

さらには、悪名の主因となった二王子の殺害に関しても、王子たちが生きていれば、最も不利益を蒙《こうむ》るのは、王位継承権のないヘンリとなるのだが……。

イヴァン四世

妻アナスタシアの死をきっかけに暴君と化す

名画DATA

作者名	ビクトル・ミハイロビッチ・バスネツォフ
作品名	『イヴァン四世』
所蔵先	トレチャコフ美術館
制作年	一八九七年
画法	油彩

ロシアの歴史上、もっとも苛烈で強力な君主であった雷帝《らいてい》こと、イヴァン四世。彼は出生時から不吉な将来を運命づけられていた。父であるモスクワ大公ヴァシーリー三世は、最初の妻と離婚し、大貴族の娘エレナ・グリンスカヤと再婚。これを非難したイェルサレム総主教は、「生まれてくる子は邪悪な者になる」との呪いをかけたという。

一五三〇年、モスクワに生まれたイヴァン四世は、父の死により、わずか三歳でモスクワ大公の地位に就き、一五四七年一月、モスクワにあるウスペンスキー大聖堂で皇帝《ツァーリ》として戴冠した。さらに戴冠式の数週間後、大貴族の娘アナスタシアと結婚した。イヴァン四世は怒りっぽかったが、アナスタシアのみがその怒りを鎮めることができたといわれる。

皇帝となったイヴァン四世は一大改革に着手した。まず有能な助言者を徴用し「選抜者会議」を設置した。一五四九年には、教会や貴族、そして都市の代表が参加する全国会議を開催。さ

名画の見方 雷帝の異名を取り恐れられたイヴァン４世の肖像。左手に持つのは鉄の笏杖で、イヴァン４世は常にこれを持ち歩いていたという。スターリンはイヴァン４世を「ロシア拡大の基礎を築いた皇帝」と捉えて敬い、映画『イヴァン雷帝』（監督：エイゼンシュテイン／ 1944・1946 年）を制作させた。

らに法令集の編纂《へんさん》を行なって法を整備し、地方の判事や徴税人《ちょうぜいにん》の腐敗を戒め、代官の権限を制限した。軍制改革も進められた。貴族の兵役義務が新たに制定され、統率のとれた軍隊編成を可能とした。皇帝直属の銃兵隊も新設され、ロシア初の常備軍となった。

生まれ変わった軍隊によりロシアはカザン・ハン国、アストラ・ハン国を征服。イヴァン四世の治世は順風満帆《じゅんぷうまんぱん》の滑り出しとなった。

◇恐怖政治の始まり

このまま進めば、イヴァン四世はロシア史上に輝く名君として名を残したであろう。

変貌のきっかけは、一五六〇年のアナスタシアの死といわれている。さらに次々に側近が亡くなり、イヴァン四世に意見できる者がいなくなると、イヴァン四世は猜疑心《さいぎしん》の虜《とりこ》となる。

一五六四年十二月、突然、皇帝の座を降りると宣言したイヴァン四世は、貴族や聖職者が復位を願い出たところ、反逆者を自由に処罰する権限の付与を条件として復位を約束する。

復位したイヴァン四世は、広大な皇室領や、商業都市や塩の産地など豊かな土地を皇帝直轄領「オプリーチニナ（寡婦《かふ》に割り当てられた土地の意）」に編入した。オプリーチニナには、自ら選んだ者を、オプリーチニキとして配置し、統治に当たらせたが、法的な規制が免除され

皇太子であった同名の次男イヴァンと口論になり、鉄の笏杖で撲殺してしまった 1581 年の出来事を描いた作品。この事件ののち皇太子妃のエレナも流産し、イヴァン 4 世は罪の呵責に苦しむ晩年を送る。(『イワン雷帝と皇子イワン』イリヤ・レーピン/トレチャコフ美術館/ 1885 年/油彩)

るなどの特権を与えたため、国中を恐怖させる存在となった。

とくに人々を恐怖させたのが、ノヴゴロド市民が密かにポーランドに内通していると信じ、市の有力者やその家族十六人を残虐な方法で処刑した一五七〇年の事件であろう。皇帝の妄想により、突如罪に落とされ、無残に殺されたのである。さらに、一五八一年には皇太子を鉄の笏杖《しゃくじょう》で殴り殺す事件も起こしている。

イヴァン四世が亡くなったのは、一五八四年。アルハンゲリスキー大聖堂で、自らが撲殺《ぼくさつ》した息子の隣りに埋葬された。

ヴラド三世

串刺し公として恐れられ「ドラキュラ」のモデルにもなった英雄

名画DATA

作者名	不明
作品名	『ヴラド三世』
所蔵先	個人蔵
制作年	不明
画法	油彩

ブラム・ストーカーの怪奇小説で知られる吸血鬼ドラキュラのモデルは、十五世紀のルーマニアに実在したワラキア公ヴラド三世（ヴラド・ツェペシュ）と言われる。ヴラド三世はしばしば捕虜や裏切り者を串刺しの刑に処した。そのため、ルーマニア語で「串刺し」を表わす「ツェペシュ」と呼ばれ、恐れられた。

ヴラド三世が生きた十五世紀のバルカン諸国は、オスマン帝国が影響力を及ぼし、ハンガリーが進出を狙う不安定な地域だった。ヴラド三世も幼少の頃には、オスマン帝国に人質として送られる憂き目に遭っている。やがて父と兄の暗殺に伴い、一四四八年にはオスマン帝国の支援でワラキア公となるも、すぐにハンガリーの攻撃を受けて逃亡を余儀なくされる。だが、新たなワラキア公がハンガリーと仲違《なかたが》いすると、今度はハンガリーの援助を取り付けて一四五六年、ヴラド三世はワラキア公に返り咲いた。以降、ヴラド三世は公位を強化するため、独裁体

名画の見方 有名なヴラド3世（ヴラド・ツェペシュ）の肖像。故国をオスマン帝国の侵略から守った英雄とされながらも、貴族階級の人間を串刺しにするという行状に嫌悪感を抱かれたためか、ヴラド3世の容貌は、キリスト教絵画のなかで「悪役」のモデルにされた。

制を敷いた。そこからにわかに残忍性を発揮し、血に飢えた暴君へと豹変《ひょうへん》していくのである。

まず権威を示すために、反対派の貴族に対して断固たる処置をとった。片っ端から捕えては、串刺し刑に処したのである。一説によると、五〇〇〇人もの貴族が犠牲になったともいわれるが、ヴラド三世は彼らが悶絶《もんぜつ》するのを眺めながら、祝宴を楽しむこともあったと伝わる。

◇オスマン帝国軍の戦意を奪った串刺し刑

その串刺し公ヴラド三世の名が世界に広まったのは、一四六一年に始まるオスマン帝国との戦いだ。その前年、オスマン帝国が貢納金の支払いと、ハンガリーとの条約破棄を求めてきた。怒ったヴラド三世は使者を串刺しにして戦宣布告すると、ただちにドナウのオスマン領を攻撃して機先を制し、敵兵を串刺しにして回った。

翌年にはオスマン帝国の大軍がワラキアに押し寄せる。一四五三年にコンスタンティノープルを陥落させた、メフメト二世率いるオスマン帝国軍は十万。対するワラキア軍はせいぜい二万程度である。ヴラド三世は正面からの戦いを避け、まずはオスマン軍が食糧を現地調達できないよう村々を焼き払った。そしてオスマン軍が押し寄せると、山岳でのゲリラ戦を展開。相手が疲弊《ひへい》したところを見計らって奇襲をかけては消耗させていった。

さらにオスマン軍にとどめを指すように、その行く手に捕虜にしたオスマン兵を串刺しにして並べたのだ。その数は二万を数えたという。さすがのオスマン軍も仲間の無残な姿に戦意を喪失し、撤退を決意した。ヴラド三世はオスマン帝国の侵攻から祖国を守り抜いたのである。串刺し公と恐れられながらも、英雄として讃《たた》えられるのはこの快挙による。

ヴラド3世による串刺し刑を描いた版画。犠牲者を眺めながらヴラド3世は酒席についている。(『ドラキュラ物語』挿絵／個人蔵／15世紀／木版画)

かくしてワラキアの独立を守ったヴラド三世であったが、そのまま戦争を継続しようとしたため、貴族たちの反感を買い、ハンガリーへの逃亡を余儀なくされた。その後、ヴラド三世は、モルドヴァの依頼を受け一四七六年に再びオスマン帝国との戦いに出陣する。オスマン帝国が撤退したため、彼はワラキアへも侵攻し、三度目のワラキア公就任を果たした。ところがヴラド三世を恐れる者が多く、一か月後、ヴラド三世は騎乗中、側近に斬りつけられ命を落とすこととなる。

オリヴァー・クロムウェル

国王を処刑し恐怖政治をしいた革命指導者

名画DATA

作者名	ロバート・ウォーカー
作品名	『オリヴァー・クロムウェル』
所蔵先	リーズ美術館
制作年	一六四九年
画法	油彩

一六四二年、絶対王政を打倒する事態がイギリスで起こった。清教徒《ピューリタン》革命である。指導者の名はオリヴァー・クロムウェルという。

十七世紀のイギリスは毛織物産業の発展などで市民階級が台頭し、議会を通じて政治的発言権も大きくなっていった。しかし、当時のイギリス国王チャールズ一世は絶対王政の確立を企図して議会を無視する政治を展開した。そうしたなか、一六四〇年、イギリス国教会の強制によってスコットランドの反乱を招いたチャールズ一世は、遠征費を捻出するため、やむを得ず議会を開催する。しかし、議会は国王に反発し、一六四二年、ついに内乱へと発展した。

当初は国王派の勢力が議会派を圧倒したが、これを議会派有利に傾けたのがクロムウェルである。彼は鉄騎隊《てっきたい》を率いて各地で勝利を重ね、一六四四年のマーストン・ムーアの戦いで国王軍に死者四五〇〇の損害を与える大勝利を収めたことで形勢を逆転させる。翌年にはネースビ

名画の見方　清教徒革命において議会派の劣勢を覆したクロムウェルは、元軍人であった。マーストン・ムーアでの勝利後、1645年頃に軍制改革を進め、王党派に勝る軍隊を築き上げた。ここでは、彼の率いた鉄騎隊が議会側軍隊（新模範軍）の母体となった。クロムウェルは立派な鼻の持ち主であったといわれ、ウォーカーによる肖像画でも、その特徴が描かれている。

ーの戦いで国王軍に決定的な打撃を与え、ついにはチャールズ一世を捕えるに至った。

◇革命の英雄が独裁者へ変貌

イギリスに共和政をもたらしたクロムウェルは、革命の英雄と讃えられた。しかし、その一方でクロムウェルは暴虐な一面を見せ始める。

一六四九年から国王派の残党狩りを口実にカトリックのアイルランドに侵攻し、酸鼻《さんび》を極める虐殺を行なった挙句《あげく》、人々の財産を取り上げ、植民地化を進めたのである。

さらに捕えたイギリス国王の処遇についても、クロムウェルは独断専行に走る。さすがに処刑に強く反対する人々も多かったが、クロムウェルはためらうことなく「王は死ぬべし」という議会軍に同意。チャールズ一世はイギリス史上唯一公開処刑された王となった。

しかもクロムウェルは事実上の議会派のトップに立つと、肝心の共和政もないがしろにし始めた。議会内での主導権争いが激化していくなか、財産権の平等を訴える水平派を弾圧する。そして一六五三年、クロムウェルは自らが築いた共和政を崩壊させた。軍隊でもって強引に議会を解散し、議長をその座から引きずり下ろしてしまうのである。

そして彼は憲法を制定し、最高指導者と定めた「護国卿《ごこくきょう》」の座に自らついた。護国卿は官

断頭台に消えたチャールズ１世の棺を閉めようとするクロムウェル。国王の首筋には生々しい血の跡が描かれている。クロムウェルの表情は未来を暗示するかのように暗い。(『クロムウェルと棺のなかのチャールズ１世』ポール・ドラローシュ／ハンブルク美術館／ 1831 年／油彩)

吏任免権、軍事権、外交権などを持つ、いわば独裁者であった。一六五五年には全国を一〇軍区に分け、すべてを軍の支配下に置いてしまう。

　彼はピューリタン（カルヴァン派）の思想に則り、賭け事、観劇など市民にあらゆる娯楽を禁止した。さらに護国卿の地位を世襲制と定め、黄金の杖《つえ》を持ち、王のようにふるまう最高権力者となったのである。

　そのため市民から大きな反感を買った。彼は護国卿に就任してわずか五年で亡くなり、その後、息子が護国卿を継ぐと、国民は王政復古を選択するのである。

ルイ十四世

戦いに明け暮れた豪奢な生活のなかで財政を悪化させた太陽王

名画DATA

作者名	イアサント・リゴー
作品名	『ルイ十四世』
所蔵先	プラド美術館
制作年	一七〇一年
画法	油彩

十七世紀、フランス絶対王政の絶頂期に君臨した太陽王ルイ十四世は、「朕《ちん》は国家なり」と豪語した逸話《いつわ》で知られている。その強大な国家と絶対王政を支えたのは、じつは侵略戦争であった。それがルイ十四世に栄光をもたらす一方で、のちのフランス革命の原因となっていく。

ルイ十四世は一六四三年にわずか五歳で即位し、フランスの舵取《かじと》りを行なってきた宰相《さいしょう》のマザランが一六六一年に亡くなると、二十二歳で親政《しんせい》を始めた。コルベールを財務長官に任命して重商主義政策を展開する一方、ルイ十四世は、周辺諸国との戦争に明け暮れていく。

その手始めは一六六七年に始まる南ネーデルラント継承戦争である。ルイ十四世はスペインのフェリペ四世の娘マリア・テレサを王妃に迎えていた。そのためフェリペ四世が死去すると、スペイン領の南ネーデルラントの継承を要求して出兵したのである。国王自らが出陣し、フランドル地方の支配権を手に入れた。

名画の見方 軍装のルイ 14 世。戦争に明け暮れたルイ 14 世は、こうした軍装の肖像画も多く描かせている。ルイ 14 世の肖像画としては、同じくリゴーが描いた右手に王錫を持ち、左足を前に突き出したルーヴル美術館所蔵のものが有名。プラド美術館に所蔵される本作品は、フェリペ５世（アンジュー公フィリップ）が相続したコレクションのなかの１枚である。

ところが今度は、このフランドル地方を巡ってフランスはオランダと対立。一六七二年に英蘭戦争中のイギリスと密約を交わしたルイ十四世は、南ネーデルラントの制覇を企図してオランダ侵略戦争を開始する。イギリスが脱落してもフランスは執拗《しつよう》に戦いを続け、一六七八年にはフランドル地方に加え、フランシュ・コンテを獲得した。

領土拡大によってルイ十四世の威光は高まり、国内では中央集権化が進んで、フランスの王権は絶頂期を迎えた。一六八二年、総面積一〇〇〇ヘクタール、四〇〇〇人の人々が起居する豪奢《ごうしゃ》なヴェルサイユ宮殿が完成する。とくに大量の鏡、金銀などを用いた華麗な装飾が施された「鏡の間」はルイ十四世の威光をヨーロッパ中に示すのに充分な存在であった。

◈侵略戦争の代償

ルイ十四世の野心はとどまることを知らず、さらにライン川東岸へ進出し、一六八八年にはファルツ（ドイツの一部）の領地継承を主張して同地域に侵攻する。これにはオランダ、スウェーデン、オーストリアなどがアウグスブルク同盟を結成し対抗したため、戦いは一六九七年まで続き、フランスも苦戦を強いられ、得るものは少なかった。

一七〇一年には、スペイン継承戦争を引き起こした。スペインのカルロス二世没後の王位継承問題に際し、スペイン王家出身の王妃を持つルイ十四世は、孫のアンジュー公フィリップの継承権を主張。各国がフィリップのフランス王位継承権放棄を条件にこれを承認したものの、ルイ十四世が約定を反故《ほご》にしたため、フランスはイギリス、オランダ、オーストリアなどと戦闘を開始した。戦いは一七一三年に終結するが、フランスはそれまでに獲得した多くの領土を失うことになった。

太陽神アポロンに扮したルイ14世。太陽に憧れ、太陽王を称した若き日の姿である。（『アポロンに扮した14世』作者不詳）

戦いによりその威光を高めたルイ十四世であったが、晩年は敗戦も重なり、急速に権威を失墜させていく。

　しかも野心のツケは大きかった。長年の戦争による莫大な戦費と、豪奢な生活によりフランス財政は悪化。重税を課せられた民衆の不満が高まっていくのである。

ヘンリー・モーガン

イギリス国王から「騎士」に叙せられたカリブの海賊

名画DATA

作者名	ハワード・パイル
作品名	『ポルトベロのヘンリー・モーガン』
所蔵先	個人蔵
制作年	十九世紀
画法	色刷木版画

ヘンリー・モーガンは、十七世紀半ば、奇想天外な策略と不屈の勇気でもって新大陸のスペイン植民地を略奪して回り、イギリス国王から「騎士《きし》」の称号まで与えられた海賊である。

ウェールズ生まれの

名画の見方 挿絵画家ハワード・パイルの代表作『カリブの海賊』に収録された1枚。ポルトベロにて捕えた住民を尋問する場面が描かれている。

モーガンは、若い頃にイギリスの植民地ジャマイカへ渡り、海賊稼業に身を投じると、やがて数百人を率いる海賊船の船長となり、新大陸のスペイン領を荒らし回った。

モーガンは略奪相手には容赦がなかった。その好例が一六六八年に行なったパナマ地峡のポルトベロ襲撃である。町には難攻不落の砦《とりで》が設けられ、海賊たちも攻撃を躊躇《ちゅうちょ》するほどだった。

モーガンは仲間の怯《おび》えを意に介せず、「少なければそれだけ分け前が多くなるぞ」と檄《げき》を飛ばして士気《しき》を鼓舞《こぶ》すると、捕えた修道士や修道女に先頭を歩かせて砦に上らせ、弾除けに用いた。信仰篤《あつ》いスペイン兵なら撃たないだろうと考えたのである。予想に反してスペイン兵は砦死守のため発砲。激戦となったが、これを破った海賊たちは砦のなかに雪崩《なだれ》込むと、兵を虐殺をして回り、二五万ペソの戦利品を得たという。

◇凄惨をきわめたパナマ襲撃

モーガン最大の略奪は一六七一年のパナマ襲撃だ。

二〇〇〇人もの海賊を集めてパナマへ向かったが、モーガンらがパナマに入ったとき、街は焼き尽くされ、大した宝は見つからなかった。パナマ市民は貴重品を持って逃げ出していたのである。怒り狂った無法者たちは手当たり次第に町を破壊し、残っていた人々を虐殺した。教会や修道院、邸宅など美しい建物が並んでいたパナマ市街は三週間の間に廃墟になった。さらにモーガンらは森に逃げ込んだ住民を捕え、拷問《ごうもん》を行なって宝のありかを白状させ、銀貨七五万枚などの戦利品を手に入れたという。

こうしてカリブ海を荒らし回ったモーガンだったが、一六七二年、彼はイギリスに召喚される。表向きは囚人だったが、実際はスペインを苦しめた英雄として扱われ、騎士に叙《じょ》せられた。

というのも当時の海賊はただの略奪ではなかったからだ。当時のイギリスは、海賊たちの活動を利用してスペインを弱体化させようと狙っていた。しかしイギリスが、スペインとの間で新大陸の略奪行為を禁ずる条約を交わしたため、召還されたのである。

カリブの海賊ヘンリー・モーガンの肖像。(『ヘンリー・モーガン』作者不明/個人蔵/17世紀/木版画)

騎士に叙せられたモーガンは、そうした時代の流れを敏感に感じ取った。王の官吏《かんり》となり、ジャマイカ副総督に任じられると、今度は海賊たちを取り締まる側に回ったのである。

モーガンは一六八二年に副総督の任を解かれると、ジャマイカの大農園主として暮らし、酒に溺れて五〇代で没した。

ロベスピエール

血の粛清を引き起こすに至った「腐敗し得ない男」

名画DATA	
作者名	不明
作品名	『マクシミリアン・ロベスピエール』
所蔵先	カルナヴァレ博物館
制作年	十八世紀
画法	油彩

フランス革命は一七八九年七月、パリの民衆がバスティーユ監獄を襲撃したことから始まった。それまで国王や貴族による放漫《ほうまん》政治のツケを背負わされ、重税を課せられて困窮を強いられてきた人々が、自由を求めて立ち上がったのである。一七九二年には、ジャコバン派の提案で武装した民衆が、国王ルイ十六世のいるテュイルリー宮殿に入って王権を停止し、共和政を宣言。翌年、議会は国王ルイ十六世を処刑と決定。

このジャコバン派を率いたのが弁護士のロベスピエールである。彼は清廉潔白《せいれんけっぱく》な人物で、若い頃から社会的に弱者の弁護を進んで引き受け、旧体制に疑問を抱くようになった。民衆の立場に立った改革がしたいと、一七八九年に全国三部会《さんぶかい》の第三身分の議員になる。

しかし、「腐敗し得ない男」と呼ばれ、弱い立場の者のことを常に考えていたその一途《いちず》さは、革命遂行《すいこう》を願うばかりに暴走し、血の粛清《しゅくせい》を引き起こすこととなる。

名画の見方 穏やかな表情で描かれたロベスピエール。父を早くに亡くすも秀才の誉れ高かった彼は苦学してアラス大学に入学。ルイ＝ル＝グラン学院時代の 17 歳の時には学生代表として、雨のなか、跪いて国王ルイ 16 世の行幸を出迎えた。やがてフランス革命が勃発。ロベスピエールは国民公会においてルイ 16 世を即時処刑すべしと主張する。

◇反革命主義者を断罪した恐怖政治

民衆や農民との同盟によって革命を実現しようとしたロベスピエールは、ブルジョアジーを優遇するジロンド派と対立。社会に生きるすべての人々の権利こそが尊重されるべきだと主張し、一七九三年、ジロンド派を議会より追放した。

こうして議会の権力を握ったジャコバン派は独裁体制を固める。ロベスピエールは、議会内に設置された公安委員会の委員長として、実質的なフランスの首班者の座に着いた。一七九三年憲法の制定、封建的特権の無償廃止、反革命分子の取り締まり法など、革命遂行のための法律を矢継ぎ早に制定する。

ロベスピエールにとって反革命分子は、正義の社会を築くために一掃しなければならない存在であった。そのためロベスピエールがとったのが、反対派を片っ端から逮捕して即決裁判で処刑する「恐怖政治」であった。

反革命主義者、ジロンド派が処刑台へと送られるなかで、この血の粛清はエスカレート。少しでも反革命の過去を持ったり、関わったとみなされたりしただけでも粛清の対象ともなった。一七九四年にかけて全国で約五〇万人が投獄され、約三万五〇〇〇人が断頭台《だんとうだい》に送られたという。

ロベスピエールらの処刑を描いた風刺画。この日、ロベスピエールのほかに、実弟オーギュスタン、サン＝ジュスト、クートンらジャコバン派の幹部が次々に処刑された。（19 世紀の風刺画／個人蔵）

その粛清は民衆にも及んだ。ロベスピエールは、革命政府の指導に従わない民衆運動にも弾圧を加えたのである。その性急かつ強引な政策に、ジャコバン派のなかでも対立が生まれると、今度は派内の対立者たちも容赦なく処刑していった。

当然この恐怖政治に民衆も反発するようになり、ジャコバン派の独裁政治に対する不満が醸成《じょうせい》されていく。

そして一七九四年七月二七日、ロベスピエールをはじめとするジャコバン派が、反ロベスピエール派によって議会より排除され、ジャコバン派の独裁政治は終焉《しゅうえん》を迎える。

逮捕されたロベスピエールはまともな裁判を受けることなく、翌日に処刑された。

ギルガメシュ

不老不死を求めて世界を旅したオリエントの英雄

ギルガメシュは、古代メソポタミアの英雄叙事詩《じょじし》『ギルガメシュ叙事詩』に登場する、古代オリエントの英雄である。ギルガメシュは女神ニンスンと人間を両親とし、粗暴な性格であったため、女神アルルが戒めのためめに放った巨漢エンキドゥと戦うこととなった。激闘の末、彼はエンキドゥと力を認め合い友となるとともに、自らの行ないを改めた。だが、エンキドゥはあるとき女神イシュタルによって病に冒《おか》され命を落としてしまう。親友の死によって死と向き合うことを余儀なくされたギルガメシュは、死の秘密を探るべく旅に出た。

ギルガメシュは、死の秘密を知るウトゥナピシュティムを訪ねたが、願いはかなわなかった。これを哀れに思ったウトゥナピシュティムの妻が、こっそり不老長寿の薬草の在処を教えてくれたため、ギルガメシュはその薬草を採り、帰国の途に就いたが、またしても薬草を蛇に食べられてしまう。結局ギルガメシュは死の秘密も、不老不死も得ることなく、物語は幕を閉じる。

名画DATA

作者名	不明
作品名	『ギルガメシュ』
所蔵先	ルーヴル美術館
制作年	紀元前二五世紀頃
画法	レリーフ

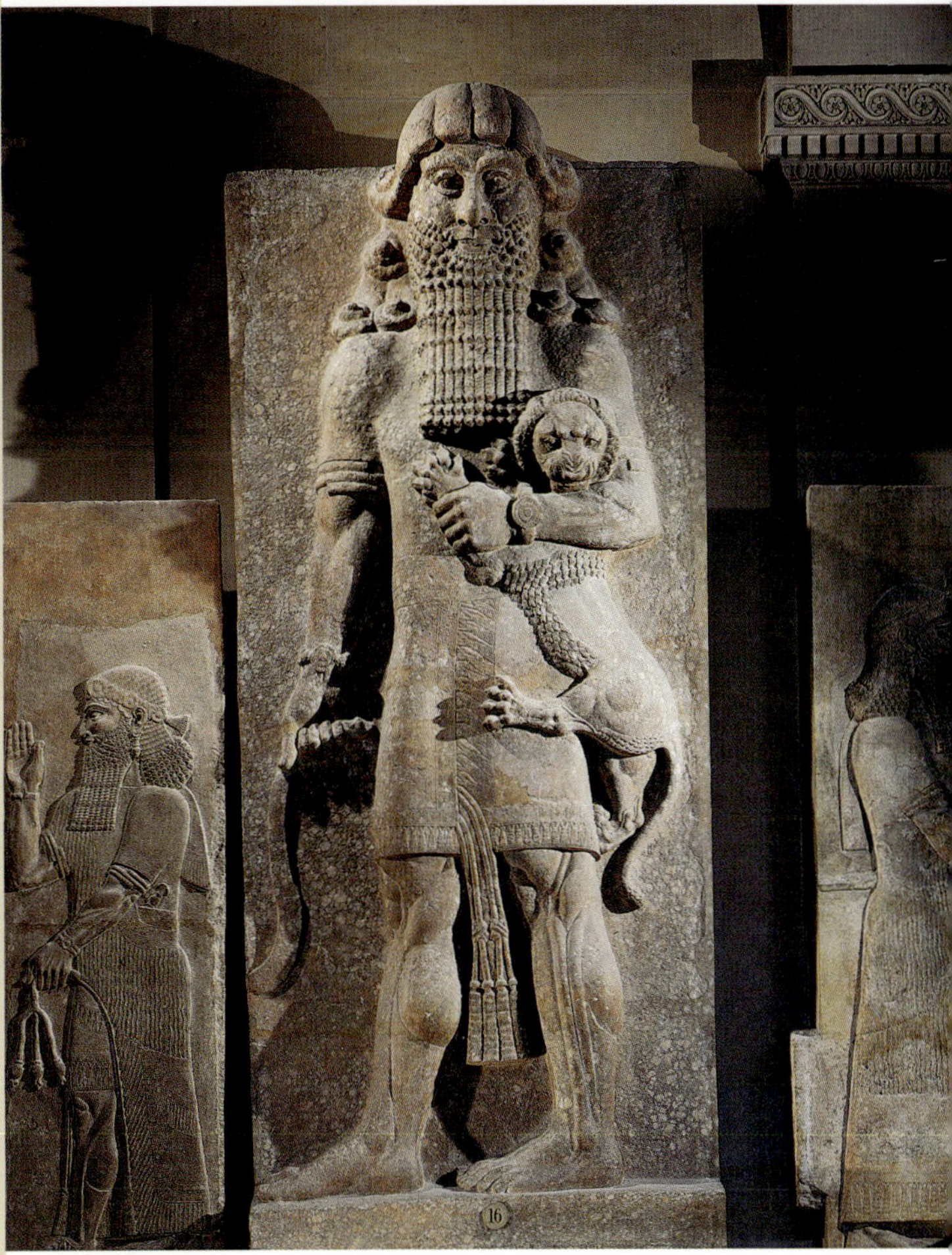

名画の見方 ドゥル・シャルキンのサルゴン２世宮殿に残されていた、ライオンを捕獲するギルガメシュのレリーフ。ギルガメシュは紀元前25世紀頃のウルク第１王朝に実在したシュメール人の王をモデルにしたといわれている。

第四章

運命に翻弄された悲劇の世界史

策謀に屈した獅子心王
リチャード一世
→ 162 ページ
ローマに敗れたガリアの英雄
ウェルキンゲトリクス
→ 154 ページ
生贄となったスパルタの戦士王
レオニダス
→ 142 ページ
見捨てられたカルタゴの名将
ハンニバル
→ 146 ページ
自由を求めた剣闘士奴隷
スパルタクス
→ 150 ページ
地動説で教会に挑んだ科学者
ガリレオ・ガリレイ
→ 170 ページ

レオニダス

二〇万のペルシア軍を相手に 三〇〇の精鋭で戦ったスパルタの王

名画DATA	
作者名	ジャック＝ルイ・ダヴィッド
作品名	『テルモピレーのレオニダス』
所蔵先	ルーヴル美術館
制作年	一八一四年
画法	油彩

古代ギリシアではアテネやテーベ、スパルタなど多くのポリス（都市国家）が割拠し、覇権《はけん》を巡る抗争を繰り返していたが、外敵がギリシアに侵入する事態となれば一致団結して防衛にあたった。紀元前四九〇年、アケメネス朝ペルシアの大軍がマラトンに上陸した際には、これをアテネを中心とするギリシア連合軍が打ち破っている。

だが、ペルシアでクセルクセス一世が即位すると、マラトンでの雪辱《せつじょく》を果たすべく、紀元前四八〇年、今度は二〇万人もの大軍で侵攻を開始した。これに立ちはだかったのがギリシアの軍事国家スパルタの王、レオニダスである。

名画の見方　中央がスパルタ王レオニダスで、テルモピレーの戦いを前に瞑想する姿とされる。背後では抱き合う老人と若者、靴紐を結ぶ兵士などが描かれている。ペルシア軍の斥候は最後の戦いの直前に髪を整えるスパルタ兵の姿を目撃しており、玉砕を前に荘厳な死の支度が行なわれている場面といえる。

戦いを前にしてレオニダスが授かった神託《しんたく》は、「スパルタがペルシアに滅ぼされるか、さもなくば王が死ぬかのどちらかである」というものだった。

つまり、王が戦死すれば、スパルタは存続するということだ。レオニダスは、迷うことなく死を選択した。

スパルタの男子市

民は、七歳になると親元から離され、厳しい軍事訓練を受けて育つ。二〇歳になれば正式に軍隊に入り、三〇歳まで結婚も許されない。常に団体生活を強要されるなかで、優秀な兵士となり、強固な団結力を育んだ。

レオニダスは、そうした兵士のなかから、三〇〇人の精鋭を選び出した。出陣にあたっては妃《きさき》に、自分が確実に死ぬことを告げると、「いい夫を持って、子供をたくさん産むように」と言い残したという。

◇地の利を生かして大軍を翻弄する

三〇〇人のスパルタ兵を中心としたギリシア軍が戦いの地に選んだのは、テルモピレーである。スパルタ軍の進路上にあるこの地は、背後に険《けわ》しい山が迫り、前面に急な崖とその下に海が広がる天険《てんけん》の地である。しかも最も狭い部分は道幅が十五メートルほどしかないので、ここならば寡兵《かへい》であっても大軍を食い止めることができると考えたのである。一方のペルシア軍は、あまりの兵力差から、ギリシア軍が戦わずして撤退するだろうと考え、スパルタ軍と対峙したまま四日間も軍を動かさなかった。だが、ギリシア軍が退こうとしないため、ついに五日目に総攻撃を開始した。

戦いは、ギリシア軍に有利に進んだ。ペルシア軍の主戦力は騎兵部隊であったため、テルモピレーの隘路《あいろ》に入り込むと広く展開することができずに動きを封じられる。無理に前進しようものなら、スパルタ兵が繰り出す長槍の餌食《えじき》となり、大軍ゆえに後退もままならない。こうしてペルシア軍は二万もの死傷者を出すことになった。

ところが、ギリシア側から寝返った者がいて、山中から海岸線に出る抜け道があることをペルシア軍に告げたのである。背後に回り込まれたギリシア軍は撤退を決めたが、レオニダスと三〇〇人のスパルタ兵だけがテルモピレーに留まり、抗戦を続けた。スパルタ兵は、槍が折れると剣で、その剣が折れると素手と歯で戦うという勇猛さで、ペルシア軍を苦しめた。だが、レオニダスはついに力尽きて戦死し、王を失ってもなお奮戦を続けたスパルタ兵もやがて全滅した。

しかし、レオニダスとスパルタ兵の犠牲はギリシア側に十分な時間をもたらした。アテネの海軍はサラミスへ移動してペルシア海軍を迎え撃つ体勢を整え、ギリシアの人々も避難をする余裕を与えられたのである。その結果、ギリシア軍はのちのサラミスの海戦でペルシア海軍から勝利を得ることになる。

テルモピレーには、「旅人よ、行きて伝えよ、スパルタの人々に。我ら、かの掟《おきて》のままに従いてここに果てしと」という碑が置かれたという。

ハンニバル

「そろそろローマ人たちを恐怖と心配から解放してやろう」

名画DATA	
作者名	ヤコポ・リパンダ
作品名	『アルプス山脈を越えるハンニバル』
所蔵先	カピトリーノ美術館
制作年	一五〇八〜一五一三年頃
画法	フレスコ画

「そろそろローマ人たちを恐怖と心配から解放してやろう」

紀元前一八三年頃、小アジアの国ペルガモンでひとりの老将が毒をあおり、生涯を終えた。この老将の名はハンニバル。カルタゴの将軍だった人物である。

海洋貿易で栄えたカルタゴは、地中海に面した北アフリカ、現在のチュニジアの地にあったが、そ

名画の見方 祖国カルタゴが第1次ポエニ戦争に敗れ、地中海の制海権を失っていたため、陸路をとらざるを得なかったハンニバルは、戦象部隊を含む大軍を率いてアルプスを越える。途中で多くの象と兵が命を落としたが、イタリア半島を荒らし回ったハンニバルの姿は、象と結び付けられることが多い。

の勢力は西地中海に及び、「地中海の女王」と讃《たた》えられていた。このカルタゴはローマとの間で三次にわたるポエニ戦争を戦い、消滅した。

以後ローマは地中海を支配する大帝国として発展を遂げることになるが、一朝一夕《いっちょういっせき》に勝利を得たわけではない。とくに第二次ポエニ戦争ではイタリア半島を蹂躙《じゅうりん》され、滅亡の淵にまで追い込まれている。このとき、十五年間もイタリア半島にとどまってローマを心胆寒《しんたんさむ》からしめた人物が、ハンニバルである。

紀元前二一八年当時、カルタゴはシチリア島を巡って勃発した第一次ポエニ戦争に敗れたが、依然として強勢を誇り反撃の機会を狙っていた。この年、カルタゴの植民市のカルタゴ・ノヴァ（現スペインのカルタヘナ市）にあったハンニバルは、六万の軍勢を率いてピレネー山脈を越えてガリアに入った。

◇象とともに冬のアルプスを越える常識はずれの戦法

その後のハンニバルの動きはローマの予想を覆《くつがえ》すものとなった。

彼はアルプスを越えてローマを目指すというルートをとったのだ。大軍勢が急峻《きゅうしゅん》なアルプスを越えるなど、当時の常識では考えられないことだった。しかも季節は冬。ハンニバルは三〇頭余りの戦象まで引き連れていたのである。ハンニバルは、はるかな平原を指さし、「あれがお前たちのものになるのだ」と励ましてついにアルプス越えに成功する。

アルプスの麓《ふもと》に突然姿を現わしたカルタゴ軍を前に、ローマは驚天動地《きょうてんどうち》の騒ぎとなった。急遽出動したローマ軍は迎撃準備も整わないうちに各地で敗北し、これを知った北イタリアの諸部族もハンニバルに加担を始めた。この頃のローマは同盟都市の連合で成り立っていたため、ハンニバルは南イタリアへも進軍し、諸都市をローマ本国から離反させようと工作を始める。業《ごう》を煮《に》やしたローマは、紀元前二一六年、歩兵八万、騎兵六〇〇〇という大兵力を結集して決戦に出る。この動きを察知したハンニバルはカンネーでローマ軍を待ち受けた。戦いが始まると、ハンニバルは中央の歩兵部隊を後退させ、両翼の騎兵がローマ軍を撃退するのを待った。やがて、カルタゴの騎兵がローマ軍を追い散らすと、ローマ歩兵の背後を左右から塞《ふさ》いでいく。かくしてローマ歩兵の包囲網が完成した。殲滅《せんめつ》されたローマ軍は、兵士のみならず執政官《しっせいかん》ら指導者層の多くを失った。

だが、ハンニバルの優位もここで終わる。芸術的ともいえるハンニバルの戦術の前に完敗を喫《きっ》したローマは、その後、積極的な反撃に出ることをやめ、決戦を避けた。

そして新たにローマの将軍となったスキピオは、ハンニバル不在のカルタゴ本国を突くという作戦に出た。急ぎカルタゴに戻ったハンニバルであったが、紀元前二〇二年にザマの地でスキピオに敗れ、カルタゴがローマに降伏することで第二次ポエニ戦争は終結した。

ハンニバルに対するローマ人の恐怖と憎悪は戦後も消えることがなかった。やがてハンニバルは亡命を余儀なくされ、シリアからクレタ、そしてペルガモンへと彷徨《ほうこう》を続けた。ローマはそれでも追求の手を緩めず、ハンニバルはペルガモンで最期を迎えたのである。

スパルタクス

脱走奴隷を率いて
ローマに反乱を起こした剣闘士

名画DATA

作者名	不明
作品名	『スパルタクスの死』
所蔵先	個人蔵
制作年	十九世紀
画法	木版画

古代ローマ市民にとって最大の娯楽は、円形闘技場で催される剣闘士奴隷の死闘だった。剣闘士対猛獣、剣闘士対剣闘士といったカードが組まれるのだ。

紀元前一世紀、そうした剣闘士奴隷のなかにスパルタクスがいた。出身はバルカン半島のトラキア（現ブルガリア）。

当時の剣闘士奴隷たちは各地の養成所に入れられて訓練を積まされた。イタリア南部カプアの養成所にあったスパルタクスは、紀元前七三年、見世物になるよりは自由の身になろうと仲間たちに呼びかけて脱走を決行する。

ただちに追っ手がかけられたが、スパルタクスは七十数

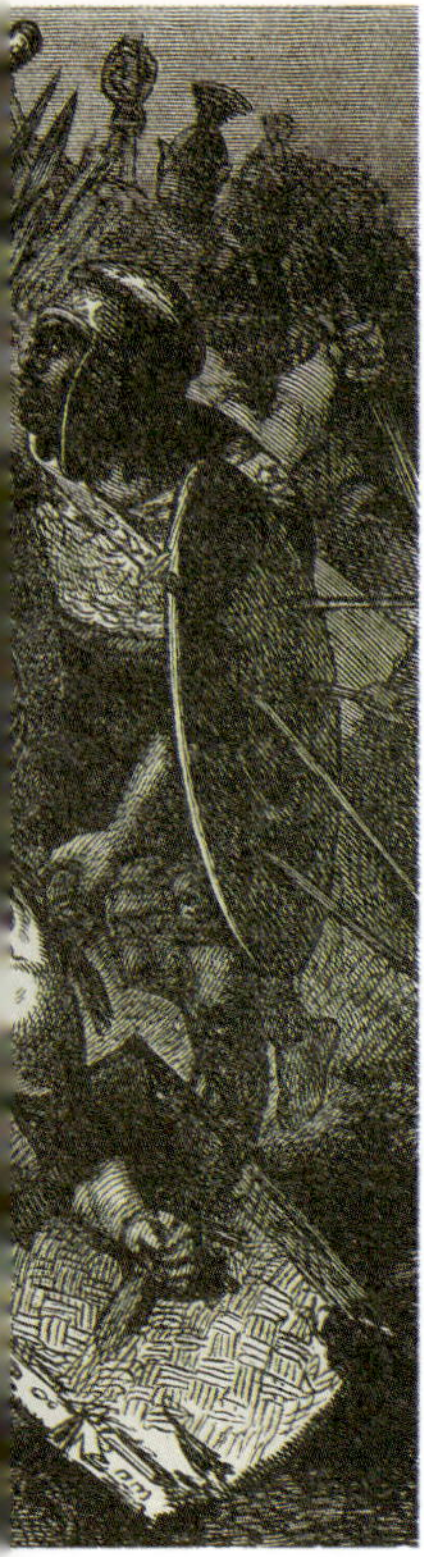

名画の見方 スパルタクス終焉の地についてははっきりしていない。クラッススの大軍に最後の決戦を挑み、乱戦のなかで兵士によって切り刻まれたといわれ、遺体も発見されていない。1960年の映画『スパルタカス』では、主演のカーク・ダグラスがアッピア街道で磔にされて死んでいくが、事実は異なる。

人の仲間と逃げのびると、イタリア半島南部のウェスウィウス（ベスビオス）山麓に立籠《たてこも》り、そこを拠点に周辺の農場や富裕な者の別荘を略奪しては食糧や生活品を手に入れた。

ローマ軍は三〇〇〇の兵士から成る討伐隊を派遣したが、スパルタクスは一〇〇人にも満たない数でまたもこれを撃退する。

この知らせがイタリア中を駆け抜けると、反乱軍の数は、急激に増えた。当時のローマは征服した属州から多くの奴隷を連行し、安い価格で取り引きしては酷使していた。また、自由の身のはずの牧人や農民でも、没落して奴隷同然の扱いを受けている者が多かった。そうした人々がスパルタクスの噂《うわさ》を聞いて同じように蜂起《ほうき》し、合流したのである。

その数は十二万に達し、スパルタクスが率いる反乱軍は、いくつもの都市を占領するまでになった。

このため、ローマは何度も討伐軍を送ったが、スパルタクスの巧みな戦術によってことごとく打ち破られた。ローマ市民は、これをハンニバルの再来と怖れおののいたが、スパルタクスは無用な略奪や暴行を禁じ、戦利品も平等に分配し、個人が金銀を持つことを禁じたといわれる。

◇反乱軍の不可解な動きの理由

しかし、反乱軍は迷走を始めるようになる。スパルタクスは、トラキアやガリア出身の奴隷を故郷に帰すべくアルプス山脈を越えて北上しようとしたが、ローマ軍の攻撃が行く手を阻んだため、やむなく南下する。

そこでスパルタクスは、奴隷たちを海路でシチリアに渡そうとするものの、船団の提供を約束した海賊が裏切ったため、これも失敗する。

元老院は、ローマ社会を大きく揺るがすこの反乱を鎮圧するために、クラッススを将軍とする大軍を組織した。しかもポンペイウス軍も追加派遣されたのである。スパルタクスの反乱軍はローマの最精鋭を相手に勇敢に戦ったが、紀元前七一年に鎮圧された。

馬上にあったスパルタクスは、ローマ兵の槍を腿に受けて落馬。そしてローマ兵に包囲され、めった刺しにされたといわれる。

また、反乱軍捕虜の六〇〇〇人は、ポンペイウス軍によってローマへと連行されたのち、十字架にかけられて、見せしめのためにアッピア街道沿いに並べられた。

こうしてスパルタクスが夢見た自由は打ち砕かれたのである。

一九六〇年に公開された映画『スパルタカス』は、主人公のスパルタクスが磔《はりつけ》にされて十字架上で息絶えようとするシーンで幕を下ろす。実際にはこの時すでにスパルタクスはこの世の人ではなかったが、スパルタクス研究の第一人者・土井正興は、このシーンを手放しで賞賛している。英雄の死とは、無条件で人の心を打つものなのかもしれない。

ウェルキンゲトリクス

カエサルとの戦いに敗れた
ガリア独立の英雄

名画DATA

作者名	リオネル＝ノエル・ロイエ
作品名	『カエサルの足下に武器を投げるウェルキンゲトリクス』
所蔵先	クロザティエ美術館
制作年	一八九九年
画法	油彩

現在のフランスは、古代においてガリアと呼ばれ、多くの部族が互いに牽制し合っている状態だった。彼らはヨーロッパ先住民のケルト系民族で同じケルト語を話し、同じケルト文化を持ちながら統率がとれず、ライン以東のゲルマン人や南のローマ人によってしばしば侵略されていた。

紀元前五二年、このガリアの諸部族をまとめあげ、ローマに対する大反乱を主導したのが、「フランス最初の英雄」ウェルキンゲトリクス（紀元前七二〜紀元前四六年）である。

名画の見方　19世紀、フランスのナショナリズムが高まり、ウェルキンゲトリクスに注目が集まるなかで描かれた作品。アレシアの攻防に敗れたウェルキンゲトリクスは、馬に乗ってアレシアを出ると、ローマ軍の司令官カエサルの周囲を回ったのち、カエサルの足下に武器を投げたといわれる。

ウェルキンゲトリクスという名は、ケルト語で戦争王という意味である。

ガリアで大反乱が始まったきっかけは、中部にあった一部族の局地的な反乱だった。ウェルキンゲトリクスはこれに呼応して、アルウェルニ族の者ばかりでなくガリア社会全体に反乱を呼びかけて同盟軍を組織し、諸部族から指揮権を与えられた。

ウェルキンゲトリクスは、まとまりを欠く兵力を組織化し、短期間で動員するために厳罰主義をとり、自分の命令を実行させたという。そしてローマ軍に対して、ゲリラ戦や物資補給の兵站線《へいたんせん》の切断、焦土《しょうど》作戦などを展開した。

◇カエサルを追い詰めたガリアの盟主

時のガリア総督であったカエサルにより、ガリア軍が立籠っていたアウァリクムが急襲され陥落したものの、ウェルキンゲトリクスはゲルゴウィアで反撃に出ると、ローマ軍を打ち破って大損害を与えた。

さらに各地で焦土作戦を展開してカエサルを窮地に追い込んでいった。しかし、紀元前五二年、ディジョン近郊で激戦の末に敗れて敗走し、アレシアに籠城《ろうじょう》する。これが彼の運命を決した。

丘の上に築かれたアレシアの城砦《じょうさい》は難攻不落《なんこうふらく》と考えられたが、カエサルはなんと大規模な土木工事によって総延長二二キロにわたる二重の包囲線を築き、九万を超えるガリア人が籠るアレシアを丸ごと封鎖したのである。

ガリアからの救援軍がアレシアに駆けつけたものの、包囲を解くことはできずに敗走し、籠城は一か月以上に及んだ。ウェルキンゲトリクスもアレシアより出撃して三度にわたり突破を試みたが、いずれも成功せず、城内に引き上げざるをえなかった。そして、ついに兵糧《ひょうろう》も尽きたことから降伏を決めた。

最後の討議でウェルキンゲトリクスは、この戦いがガリアの自由のためであったことを述べ、部下たちに自分を殺すよう命じたが、部下たちはこれを拒んだ。するとウェルキンゲトリクスはきらびやかな武具を身にまとい、飾り立てた馬にまたがって城門を出た。ローマ軍の本陣に至ると、着座しているカエサルの周囲を騎乗のまま一周。その後馬から下りると武具をカエサルの足元に放り投げ、降伏したと伝えられている。

ローマに連行されたウェルキンゲトリクスは投獄され、六年後、カエサルの凱旋式《がいせんしき》に際して処刑された。カエサルは、敵対者であれその命を奪うことはほとんどなかったが、若くしてガリアを一大勢力にしたウェルキンゲトリクスの存在を、さすがに危険視したのだろう。

こうしてガリアの大規模な抵抗は終わり、広大なガリアがローマ帝国の一部に組み入れられることになった。

ガリアの独立を願い戦った英雄の名はその後、忘れ去られていったが、十九世紀、フランスの国家意識が高揚した時代に再びスポットライトを浴びる。ウェルキンゲトリクスはフランスを初めて統合した勇士であり、救国の英雄として称賛されるようになった。

イエス

愛の教えを説き人類の罪を背負って十字架にかけられた救世主

名画DATA	
作者名	ピーテル・パウル・ルーベンス
作品名	『十字架降下』
所蔵先	アントウェルペン大聖堂
制作年	一六一〇〜一六一一年
画法	油彩

イエスが生まれた時代のユダヤは、ローマ帝国の支配下にあった。ユダヤの王侯貴族は、ローマの支配層と結びついて富を保つことに汲々《きゅうきゅう》とし、ユダヤ教の祭司たちも、厳格な律法《りっぽう》を守ることを人々に強《し》いるばかりだった。

そのような二重支配に苦しむ民衆のもとに出現したのがイエスである。ガリラヤのナザレで処女マリアが聖霊《せいれい》によって身籠《みご》もり、ベツレヘムにおいて神の子イエスが誕生した。ところが、救世主が世に現われたことを知ったユダヤ王のヘロデは、自分の地位が脅《おびや》かされることを怖れて、二歳以下の子供たちの虐殺を命じる。だがマリアとその夫ヨセフは、天使のお告げによりイエスを連れてエジプトへ逃れたため、難を逃れることができた。

成長したイエスは、ヨルダン川にて洗礼者《せんれいしゃ》ヨハネによる洗礼を受けると、四〇日間にも及ぶ荒れ野での断食の末に悪魔の誘惑にもうち勝ち、悪魔を退けたという。

名画の見方 『十字架昇架』と対になるアントウェルペン大聖堂内の祭壇画で、人々の罪を背負って十字架上での死を遂げたイエスの遺骸を、恭しく下ろす信徒と母マリアらの姿が描かれている。イエスの足を持つ女性がマグダラのマリアで、このポーズはかつて自分の髪でイエスの足を洗った逸話に基づくという。

そして、人々に神の教えを説き始めたのである。イエスは、苦しむ人の病を治し、悪霊《あくりょう》を退散させ、嵐を鎮めるなど、多くの奇跡を起こした。やがてイエスのもとには、十二使徒《じゅうにしと》に代表される弟子たちが付き従い、その行く手にはつねに人々が集まって教えを聞こうとするほどになった。

◇常に弱者の味方に立ったイエス

その頃のユダヤ教の指導者は、律法《りっぽう》を知る状況にない者を厳しく非難し、神の国に入れるのは律法を知り、それを守っているユダヤ人だけだとした。

ところがイエスは、神を信じて悔《く》い改めることによって、誰もが救われて天国に入れると説いた。そこには職業や男女の別、弱者や貧者もないとした。そして積極的に人々のなかに入り、誰にでも理解できる、わかりやすい言葉やたとえ話で神の教えを語った。

その評判はユダヤ中に広まり、イエスはイェルサレムへと向かう。

イェルサレムの人々はイエスをローマの支配からユダヤを解放してくれる救世主として迎えた。

イェルサレムに入ったイエスは、神殿で神に捧げる犠牲を売ったり、ローマの貨幣を神に捧げる貨幣に両替して利ざやを稼いだりと、あざとい商売をしている者たちを目撃した。するとイエスは突如として怒りを爆発させ、商人たちを追い出すのである。これは、当時のユダヤ教のあり方に対する非難であった。

ユダヤ教の権威を否定するイエスに対し、祭司や律法学者たちは、イエスの布教を封じようとして論争を仕掛けたが、イエスは明確な言葉で彼らを論破した。ついに祭司たちは、イエスを殺す企《たくら》みを実行に移す。かくして弟子のひとり、ユダの裏切りによってイエスは捕らえられ、王を僭称《せんしょう》した者として裁判にかけられてしまう。

ローマから派遣されているユダヤ総督ピラトは、イエスに罪があるとは思えなかったが、イエスの処刑を主張するユダヤ教指導者の意に押され、死刑を宣告する。属州《ぞくしゅう》ユダヤをうまく治めていくために、ピラトはユダヤ教指導者に逆らうことができなかったのだ。

こうしてイエスは、ゴルゴタの丘で十字架に処せられた。だがそれは、すべての人類の罪を背負っての贖罪《しょくざい》であり、三日後に復活を遂げたのである。弟子たちはこれを信じられずに怖れおののいたが、イエスは自分が生きていることを弟子たちに示すと昇天《しょうてん》していった。

その後イエスの教えは弟子たちと、パウロのローマ伝道によって広められ、世界宗教となっていったのである。

リチャード一世

フランスの策謀に散った
イングランドの獅子心王

名画DATA	
作者名	メリー・ジョセフ・ブロンデル
作品名	『リチャード一世』
所蔵先	ヴェルサイユ美術館
制作年	一八四一年
画法	油彩

最高の騎士として人気の高いイングランド王が、獅子心王《しししんおう》と呼ばれるリチャード一世である。

一一八九年、リチャード一世は即位して早々に聖地イェルサレムをイスラム教徒から取り戻すための第三回十字軍に出発する。

リチャード一世はイングランド兵を率いて、イェルサレム近くの都市アッコンを奪い、ここをキリスト教徒のイェルサレム王国の新首都とすると、ヤッファでもアイユーブ朝に勝利を収める。

このとき、イスラム側を率いていたサラディンとの激しい戦いは、後の世まで語り草となった。

ところが、イェルサレムまであと二〇キロの地点まで迫ったところで、リチャードはサラディンと講和を結んでいる。その理由は定かではないが、長期にわたる戦いでイギリス兵が疲弊《ひへい》

名画の見方 生涯のほとんどを戦いのなかで過ごし、その勇猛さから獅子心王の異名をとった人物らしく、甲冑をまとう姿が印象的である。右手の下に描かれた楯を見ると、赤地に３頭の金獅子が描かれているのがわかる。この楯紋章は人質生活を終え帰国してからリチャード１世が使い始めたものとされ、死後もイングランド王の紋章として用いられた。

していたとか、イェルサレムを奪還したとしてもそれを維持することは困難だと判断したためとか、イングランドに残してきた弟のジョンがフィリップ二世にそそのかされて王のごとく振る舞っているという噂を耳にしたためとか、諸説紛々《しょせつふんぷん》のようだ。

◇フィリップ二世の暗躍

イェルサレムから戻ったリチャード一世は、海路でイングランドを目指したものの、途中で何度も嵐に襲われ、やむなく陸路を進むことになった。ところが、一一九二年、途中でオーストリア公レオポルド五世に捕らえられている。

アッコンでの攻防戦の勝利は、リチャード一世に追うところが大きかったが、アッコンへの一番乗りはオーストリア公だった。

しかも城にはオーストリア公の旗が翻《ひるがえ》っていた。これを見て激怒したリチャード一世は、オーストリア公の旗を引き下ろして踏みにじった。オーストリア公はこの屈辱に憤激して帰国し、リチャード一世に対して強い恨みを抱いていたのである。

その後リチャード一世は、神聖ローマ皇帝ハインリヒ六世のもとに送られて一年以上の幽閉生活を余儀なくされる。

イェルサレムへと向かうリチャード１世の軍。第３回十字軍において、最後まで帰国せずにサラディンと戦い続けたリチャード１世であったが、1192 年、休戦条約を結び帰国の途に着く。（『イェルサレムを目指すリチャード獅子心王』ウィリアム・グラス／ 19 世紀／個人蔵／油彩）

結局、イングランドの王室が駆け回って集められた莫大な身代金によってようやく自由の身となった。

イングランドに帰国したリチャード一世は、一か月後にはフランスに渡り、今度はフィリップ二世を相手に領土抗争を展開。しかし、シャリュ城攻撃中に敵の矢に当たり、その傷がもとで亡くなった。矢を放った兵士は捕らえられたが、リチャード一世はその勇気に免じて釈放するよう言い渡したという。

常に戦いを求めるかのような生涯を送り、戦場に身を置き続けたリチャード一世。その在位中、イングランドにいたのはわずか六か月でしかなかった。

クリストファー・コロンブス

北米大陸を発見するも、女王の勘気にふれ失墜

名画DATA

作者名	ウジェーヌ・ドゥヴェリア
作品名	『フェルナンド二世、イザベル一世に謁見するコロンブス』
所蔵先	バルゴワン美術館
制作年	十九世紀
画法	油彩

一四五一年、コロンブスは、北イタリアの港町ジェノヴァで生まれた。若い頃は商船に乗り、荷物を積み降ろす仕事についていた。ここで航海に必要な知識を身につけ、一四七五年頃、貿易港として栄えていたポルトガルのリスボンに移り住む。

彼は大西洋へ何度か航海するようになり、イギリスや北アフリカなどを回った。また能力を見込まれて、大西洋に浮かぶマディラ諸島のポルト・サント島総督の娘と結婚している。

この頃、アジアへ向かうにはシルクロードを伝い、何年もかかる長旅をしなくてはならなかった。そうしたなかでコロンブスが注目したのは、マルコ・ポーロが残した『東方見聞録《とうほうけんぶんろく》』である。そこにはアジアのジパング（日本）には膨大な金や真珠《しんじゅ》があると伝えられていた。また彼は地理学者トスカネリの地球球体説を信じ、大西洋から船で西へ進めば、必ずアジアへたどり着くと考えた。

名画の見方 第1回目の航海から帰還し、スペインのフェルナンド2世とイサベル1世両国王に謁見するコロンブス。カリブ海の豊かな物品と、現地の住民が画面左側に描かれている。しかし、インド航路の開拓に後れを取ったうえ、当初の提案どおりにアジア航路発見に至らないコロンブスに対し、スペイン王室は次第に冷淡になっていく。

一四八八年、コロンブスはポルトガル国王ジョアン二世に、西回り航路によるアジアへの航海計画を提出し、必要な資金や船の援助を訴えている。だがジョアン二世は、一四八八年にバウトロメウ・ディアスがアフリカ南端の喜望峰《きぼうほう》に到達し、東周りでインドへ向かう航路開拓に傾いていたため、コロンブスの航海計画に耳を貸さなかった。

そこでコロンブスは、ポルトガルを諦めて、幼い子供を連れてリスボンを出た。ところが、途中立ち寄った南スペインのラ・ラビダ修道院が、航海計画を聞いて、コロンブスをスペイン王室に紹介してくれたのである。

こうして一四九二年、スペインのイサベル女王により航海計画が承認されることになった。

◈新大陸を発見したが、報われなかった晩年

八月三日、コロンブスはサンタ・マリア号をはじめ三隻《せき》の船団を率い、スペインのパロス港を出て大西洋を南下し、カナリア諸島を経由して、西へと進んだ。途中、大嵐に出くわす、大量の海草によりサルガッソー海で足止めされるなど災難に見舞われたが、出港から七〇日目に、「新しい土地」を発見した。これはバハマ諸島で、その先には広大な北米大陸が広がっていたのだが、コロンブスは、バハマ諸島周辺を探索し帰国した。コロンブスは、この「発見」がイ

ンドへの到達と信じて疑わず、それは亡くなるまで変わらなかった。

一四九三年の二度目の航海では、キューバ諸島に到達。さらに一四九八年には三度目の船団を組んでオリノコ川河口へ至り、南米大陸に到達した。四度目となる一五〇二年の航海では、中央アメリカを探索するが、「香辛料の航路」発見という、期待した成果は得られなかった。帰国直後にイサベル女王が病死。その二年後、ついにコロンブスはスペイン王室の援助を失うと、失意のまま亡くなった。

その後、コロンブスがインドと信じていた新大陸を調査したのが、アメリゴ・ベスプッチである。

彼は、「西回りで着いたインド」（西インド）はインドではなく、「新世界」であると主張した。

このため新世界は、コロンブスではなくアメリゴの名にちなんで、「アメリカ」と名付けられた。

コロンブスの死後に描かれた肖像画で、イタリアルネサンス期の画家、リドルフォ・ギルランダイオの作。（『クリストファー・コロンブス』リドルフォ・ギルランダイオ／ジェノヴァ海事博物館／1520年／油彩）

ガリレオ・ガリレイ

教会の権威に立ち向かった地動説の提唱者

名画DATA

作者名	ユストゥス・スステルマンス
作品名	『ガリレオ・ガリレイ』
所蔵先	ウフィツィ美術館
制作年	一六三六年
画法	油彩

イタリアの科学者ガリレオ・ガリレイの名を後世に残したのは、地動説を唱えたこと。地球が太陽の周りを回る惑星のひとつという地動説は、ガリレオ以前にもコペルニクスやジョルダーノ・ブルーノが提唱していた。だが当時のカトリック教会は、地球は動かないという天動説を支持していた。科学においても教会の権威は絶対であり、教会が「黒」といえば「白」でも「黒」となった時代である。ガリレオが天体観測で、地動説を確実視し、一六三二年に『天文対話』を著わすと、教会はガリレオを非難して異端審問《いたんしんもん》裁判にかけた。ついにガリレオは地動説の放棄を宣誓させられてしまう。

晩年のガリレオは不遇であった。裁判により職を失い、軟禁状態のまま病気がちになった。さらに、望遠鏡で太陽を覗き過ぎた影響か、失明してしまう。しかし、彼の探究心は尽きず、弟子の手を借りて、口述筆記により『新科学講話』を著わし、一六四二年に世を去った。

名画の見方　ユストゥス・スステルマンスが描いたガリレオの肖像画は２点残っている。そのうちのひとつがこのウフィツィ美術館所蔵のもの。自説を貫き通したガリレオの強い意志が、眼光に表現されている。とくに地動説を非難したのは、十六世紀の宗教改革者ルターであった。聖書信仰論者にはこの傾向が強かった。

壁画（Bridgeman Images/ アフロ）、『メフメト２世のコンスタンティノープル入城』（Bridgeman Images/ アフロ）、『ベンジャミン・フランクリン』、『独立宣言への署名』

第二章

『アレクサンドロスとポロス』（Bridgeman Images/ アフロ）、『ヘースティングズの戦い』（Bridgeman Images/ アフロ）、『シャルル５世とデュ・ゲクラン』（Newscom/ アフロ）、『フランシス・ドレーク』（National Maritime Museum/ アフロ）、『アルマダの海戦』、『砂丘の会戦におけるテュレンヌ』（Bridgeman Images/ アフロ）、『ブライテンフェルトにおけるグスタフ・アドルフ』（Bridgeman Images/ アフロ）、『グスタフ・アドルフの死―リュッツェンの戦い』、『デラウェア川を渡るワシントン』（Bridgeman Images/ アフロ）、『ジョージ・ワシントン』、『サン・ベルナール峠を越えるボナパルト』（Bridgeman Images/ アフロ）、『ホレーショ・ネルソン』（National Maritime Museum/ アフロ）、『ネルソンの死―1805年10月21日』（Bridgeman Images/ アフロ）

第三章

『黄金のリュートを持つネロ―クォ・ヴァディスより』（Bridgeman Images/ アフロ）、『レオ１世とアッティラの会見』（ALBUM/ アフロ）、『1214年7月24日、ブーヴィーヌの戦い』（Bridgeman Images/ アフロ）、『リチャード３世』、『ロンドン塔の王子たち』（Bridgeman Images/ アフロ）、『イヴァン４世』（Bridgeman Images/ アフロ）、『イヴァン雷帝と皇子イヴァン』（Bridgeman Images/ アフロ）、『ヴラド３世』（Bridgeman Images/ アフロ）、『ドラキュラ物語』挿絵、『オリヴァー・クロムウェル』（Bridgeman Images/ アフロ）、『クロムウェルとチャールズ１世』（Bridgeman Images/ アフロ）、『ルイ14世』（Bridgeman Images/ アフロ）、『太陽神アポロンに扮したルイ14世』、『ポルト・ベロのヘンリー・モーガン』（Bridgeman Images/ アフロ）、『ヘンリー・モーガン』、『ロベスピエール』（DeA Picture Library/ アフロ）、『ロベスピエール、ダントン、マラー』

第四章

『テルモピレーのレオニダス』（Artothek/ アフロ）、『アルプス山脈を越えるハンニバル』（ALBUM/ アフロ）、『スパルタクスの死』（Bridgeman Images/ アフロ）、『カエサルの足下に武器を投げるウェルキンゲトリクス』（Bridgeman Images/ アフロ）、『十字架降下』（Bridgeman Images/ アフロ）、『リチャード１世』（Bridgeman Images/ アフロ）、『イェルサレムを目指すリチャード１世』（Bridgeman Images/ アフロ）、『フェルナンド２世、イザベル１世に謁見するコロンブス』（Bridgeman Images/ アフロ）、『クリストファー・コロンブス』（Super Stock/ アフロ）、『ガリレオ・ガリレイ』（Science Museum/Science & Society Picture Library/ アフロ）

column

『ケルベロスを捕まえるヘラクレス』（Bridgeman Images/ アフロ）、『アーサー王の死』（Bridgeman Images/ アフロ）、『ギルガメシュ』（DeA Picture Library/ アフロ）

参考文献（下記の文献等を参考にさせていただきました）

『世界の歴史１人類の起源と古代オリエント』大貫良夫、渡辺和子、屋形禎亮、前川和也、『世界の歴史 16 ルネサンスと地中海』樺山紘一、『物語フランス革命』安達正勝、『ヨーロッパ史における戦争』マイケル・ハワード著、奥村房夫・奥村大作訳、『兵器と戦術の世界史』金子常規（以上、中央公論新社）／『ローマ教皇歴代誌』P．G．マックスウェル・スチュアート著、高橋正男監修、『古代エジプト ファラオ歴代誌』ピーター・クレイトン著、吉村作治監修、藤沢邦子訳、『ロシア皇帝歴代誌』デヴィッド・ウォーンズ著、栗生沢猛夫監修、月森左知訳、『アレクサンダー大王―未完の世界帝国』ピエール・ブリアン著、福田素子・桜井万里子訳（以上、創元社）／『図説大航海時代』『図説海賊』以上、増田義郎、『図説フランス革命史』竹中幸史、『西洋美術解読事典』ジェイムズ・ホール著、高階秀爾監修（以上、河出書房新社）／『図説イングランド海軍の歴史』小林幸雄、『図説アーサー王伝説事典』ローナン・コグラン著、山本史郎訳、『トラファルガル海戦』ジョン・テレン著、石島晴夫訳（以上、原書房）／『戦うハプスブルク家』菊池良生、『古代ギリシアの歴史―ポリスの興隆と衰退』伊藤貞夫、『アレクサンドロス大王―「世界征服者」の虚像と実像』森谷公俊、『中世ヨーロッパの歴史』堀越孝一（以上、講談社）／『肖像画で読み解くイギリス王室の物語』君塚直隆、『美女たちの西洋美術史』木村泰司、『名画で読み解くハプスブルク家 12 の物語』『名画で読み解くブルボン家 12 の物語』以上、中野京子（以上、光文社）／『図説プロイセンの歴史―伝説からの解放』セバスチァン・ハフナー著、魚住昌良・川口由紀子訳、『図説西洋騎士道大全』アンドレア・ホプキンズ、松田英・都留久夫・山口惠里子訳（以上、東洋書林）／『キリスト教の本［上］救世主イエスと聖書の謎を解く』、『歴史群像グラフィック戦史シリーズ　戦略戦術兵器事典３【ヨーロッパ近代編】』（以上、学習研究社）／『英国王室史話』『スコットランド王国史話』以上、森護（大修館書店）／『英仏百年戦争』『フランス革命の肖像』以上、佐藤賢一（集英社）／『世界の歴史を変えた名将たちの決定的戦術』松村劭（PHP 研究所）／『面白いほどよくわかるローマ帝国』金森誠也（日本文芸社）／『教科書では学べない世界史のディープな人々』鶴岡聡（中経出版）

掲載絵画一覧（掲載順）

第一章

『クレオパトラを玉座につけるカエサル』（Bridgeman Images/ アフロ）、『カエサル暗殺』、『アレクサンドロス３世の墓を詣でるアウグストゥス』（Bridgeman Images/ アフロ）、『ユスティニアヌスと護衛、宰相、大司教』（Bridgeman Images/ アフロ）、『カール大帝』（Bridgeman Images/ アフロ）、『カールの戴冠』（Bridgeman Images/ アフロ）、『ロバート・ブルースとドゥ・ブーン』（Bridgeman Images/ アフロ）、『ピョートル１世』（Bridgeman Images/ アフロ）、『ナルヴァを攻略するピョートル大帝』、『コリンの戦い後のフリードリヒ２世』（Artothek/ アフロ）、『国内を巡回するフリードリヒ大王』（Artothek/ アフロ）、『ラメス２世』

青春新書
INTELLIGENCE

こころ涌き立つ「知」の冒険

いまを生きる

"青春新書"は昭和三一年に——若い日に常にあなたの心の友として、その糧となり実になる多様な知恵が、生きる指標として勇気と力になり、すぐに役立つ——をモットーに創刊された。

そして昭和三八年、新しい時代の気運の中で、新書"プレイブックス"にその役目のバトンを渡した。「人生を自由自在に活動《プレイ》する」のキャッチコピーのもと——すべてのうっ積を吹きとばし、自由闊達な活動力を培養し、勇気と自信を生み出す最も楽しいシリーズ——となった。

いまや、私たちはバブル経済崩壊後の混沌とした価値観のただ中にいる。その価値観は常に未曾有の変貌を見せ、社会は少子高齢化し、地球規模の環境問題等は解決の兆しを見せない。私たちはあらゆる不安と懐疑に対峙している。

本シリーズ"青春新書インテリジェンス"はまさに、この時代の欲求によってプレイブックスから分化・刊行された。それは即ち、「心の中に自らの青春の輝きを失わない旺盛な知力、活力への欲求」に他ならない。応えるべきキャッチコピーは「こころ涌き立つ"知"の冒険」である。

予測のつかない時代にあって、一人ひとりの足元を照らし出すシリーズでありたいと願う。青春出版社は本年創業五〇周年を迎えた。これはひとえに長年に亘る多くの読者の熱いご支持の賜物である。社員一同深く感謝し、より一層世の中に希望と勇気の明るい光を放つ書籍を出版すべく、鋭意志すものである。

平成一七年

刊行者　小澤源太郎

監修者紹介

祝田秀全〈いわた　しゅうぜん〉

東京都出身。東京外国語大学アジア・アフリカ言語文化研究所研究員を経て、代々木ゼミナール講師となる。現在はY-SAPIX東大館講師。受験参考書のみならず、社会人向けに書かれた書籍も好評を博している。おもな著書に、『歴史が面白くなる東大のディープな世界史』(中経出版)、『２時間でおさらいできる世界史』(大和書房)、監修に『名画とあらすじでわかる！美女と悪女の世界史』(小社刊)などがある。

名画《めいが》とあらすじでわかる！
英雄《えいゆう》とワルの世界史《せかいし》

青春新書
INTELLIGENCE

2015年２月５日　第１刷

監修者　祝《いわ》田《た》秀《しゅう》全《ぜん》

発行者　小澤源太郎

責任編集　株式会社プライム涌光

電話　編集部　03(3203)2850

発行所　東京都新宿区若松町12番１号 〒162-0056　株式会社青春出版社

電話　営業部　03(3207)1916　振替番号　00190-7-98602

印刷・大日本印刷　製本・ナショナル製本

ISBN978-4-413-04443-1